여행^이 교육이 되는 순간

여행이
교육이 되는
순간

초판　　　1쇄 발행 2020년 8월 1일

지은이　　서효봉
펴낸이　　한승수
펴낸곳　　문예춘추사
편집　　　이소라
마케팅　　박건원
디자인　　홍시

등록번호　제300-1994-16
등록일자　1994년 1월 24일

주소　　　서울시 마포구 동교로27길 53, 309호
전화　　　02-338-0084
팩스　　　02-338-0087
이메일　　moonchusa@naver.com

ISBN　　978-89-7604-418-1　03370

여행^이 순간
교육이 되는

——————— 서효봉 지음

부모가 알아야 할 가족여행의 기술
여행을 통해 아이들은 용기와 열정을 얻으며 성장한다

문예춘추사

차 례

prologue

아이에게 여행이 필요한 이유
1

**"때때로 큰 생각은 큰 광경을 요구하고,
새로운 생각은 새로운 장소를 요구한다."**

— 알랭 드 보통,《여행의 기술》중에서 —

일상을 벗어나는 용기가 곧 여행
#1

알랭 드 보통의 말처럼 새로운 생각은 새로운 장소를 요구합니다. 늘 반복되는 일상은 천천히 우릴 불안감에 잠기게 하는데요, 특히 가정을 꾸리고 아이를 키울 땐 더 그렇습니다. 생활을 유지하는 데 온 힘을 쏟게 되고, 결국 일상에 중독됩니다. 그러다 턱밑까지 불안감이 차오르면 우린 본능적으로 느낍니다. '이대로는 안 돼. 뭔가 변화가 필요해'라는 어떤 직감 같은 걸 말이죠.

부모가 되어 산다는 건 참 어려운 일입니다. 막중한 책임감,

개운치 않은 일상에 짓눌려 살아야 합니다. 애지중지 키운 아이와 비슷한 일을 갖고 아웅다웅 다투기도 하지요. 그 순간 일상의 문을 열고 밖으로 나서는 용기가 곧 여행입니다. 용기 내어 큰 광경 앞에 서고 새로운 장소를 떠돌아다닐 때 비로소 부모도 아이도 작고 비좁은 헌 생각에서 탈출해 자유로울 수 있습니다.

아이와의 여행, 왜 필요할까?
#2

아이와의 여행, 왜 필요할까요? 유튜브에 올라와 있는 수많은 강연 가운데 제가 인상 깊게 본 것이 하나 있습니다. 바로 서울대학교 심리학과 최인철 교수의 강연입니다. '행복은 몸에 있다'라는 주제로 진행된 강연인데요, 이미 조회수 60만을 넘어섰습니다.

이 강연에서 행복의 비법으로 꼽는 게 하나 있습니다. 그게 뭘까요? 바로 여행입니다. 서울대학교 행복연구센터에서 진행한 연구 결과에 따르면 여행이 우리 일상에서 하는 활동 가운데 가장 압도적으로 행복감을 많이 주는 것으로 밝혀졌다고 하는데요. 여행이야말로 행복을 주는 최고의 활동이라고 소개합니다.

그럼, 여행은 왜 이렇게 행복감을 많이 주는 걸까요? 강연에서는 그 이유를 다음 세 가지로 설명합니다.

첫째, 여행은 우리에게 벗어나 보는 즐거움을 줍니다. 이건 굳이 길게 설명하지 않아도 다들 잘 아실 거라 믿습니다. 일상에서 벗어나 어딘가로 떠날 때 느끼는 해방감이야말로 여행의 묘미이자 우리가 여행을 떠나는 이유입니다.

둘째, 여행은 행복감을 많이 주는 활동들을 모아놓은 활동입니다. 강연에 나오는 그래프를 보면 우리 일상의 활동들이 주는 행복감이 표시되어 있는데요. TV, 컴퓨터, SNS 같은 활동들은 빈도에 비해 행복감을 적게 주는 반면 산책, 운동, 수다, 먹기 같은 활동은 행복감을 많이 준다고 합니다. 여행을 가면 이런 행복감이 높은 활동(걷기, 놀기, 말하기, 먹기)을 다 하기 때문에 결국 여행이 주는 행복감도 높을 수밖에 없다는 거죠.

셋째, 여행은 이야깃거리를 만들어내는 활동입니다. 우리는 누군가에게 뭔가를 이야기할 때 행복한데요. 여행은 그런 이야깃거리, 특히 두고두고 이야기할 수 있는 거리를 만들어준다고 합니다.

아이들에게 여행이 필요한 이유도 이와 같습니다. 다만 저는 한 가지 이유를 더 들고 싶습니다. 그건 바로 아이들은 '삶을 배우기 위해 여행을 떠나야 한다'는 겁니다. 아이들은 사람 사는 일을 배워야 합니다. 그렇게 배운 것으로 자신의 일상을 바꿀 때 성장했다 말할 수 있을 겁니다. 아이들이 사람 사는 일에 대해 배울 수 있는 가장 좋은 방법은 여행입니다. 제 발로 세상을 여행할 때 비로소 삶을 배우고 자신의 일상을 바꿔나가는 성장을 이룰 수 있습니다.

여행으로 교육하라

#3

　　아이를 키우면서 겪는 가장 큰 고민 중 하나가 교육입니다. 크면 클수록 교육비도 많이 들고 그런 교육이 앞으로 아이의 인생에 도움이 될지 의심스럽기도 하지요. 세상이 워낙 빨리 변하고 있고 그렇기에 이제는 평범한 방법으로는 소용없을 것 같기 때문입니다.

　그런데 저에게 좋은 방법이 하나 있습니다. 그건 바로 여행입니다. 여행은 놀러 가는 거지 그게 무슨 교육이냐고 생각하시는 분도 계시겠지만 저는 확신합니다. 여행이야말로 아이들에게 가장 필요한 교육이고, 지금처럼 빠르게 변하는 세상에선 더욱더 필요한 교육 방법입니다. 이미 지난 역사에서도 여행으로 교육한 사례가 많습니다.

가장 대표적인 사례가 타고르입니다. 라빈드라나트 타고르는 아시아 최초의 노벨 문학상 수상자로 시인이면서 동시에 교육자였습니다. 타고르는 어린 시절 따돌림을 당하면서 학교생활에 적응하지 못했다고 합니다. 결국 집에서 가정교사에게 수업을 받았는데요. 그러다 어느 날 아버지와 함께 히말라야로 여행을 떠나게 됩니다.

이 여행은 인생의 전환점이 되었습니다. 여행하는 동안 타고르는 아버지에게 많은 것을 배웠고, 히말라야의 대자연 속을 마음껏 뛰어다니며 놀았습니다. 무려 네 달 동안 히말라야를 여행한 타고르는 완전히 다른 사람이 되었습니다. 훗날 타고르는 아버지와 함께한 그 여행이 자신의 인생을 바꾸었다고 이야기했지요.

또 다른 사례로 그랜드투어를 들 수 있습니다. 그랜드투어는 18세기 영국 상류층 사이에서 유행했던 여행인데요. 자녀들을 대학에 보내는 대신 프랑스, 이탈리아 같은 나라로 보내 그들의 역사와 문화를 배워 오게 했던 여행이었습니다. 당시 그랜드투어는 어마어마하게 돈이 많이 드는 여행이었기에 상류층이 아니면 누리기 힘든 엘리트 교육이었죠. 보통 유명한 교사와 함께 떠나 짧게는 몇 달, 길게는 몇 년에 걸쳐 여행했는데요. 토머스 홉스, 존 로크, 애덤 스미스처럼 유명한 사람들이 그 당시 상류층의 가정교사로 활동했다고 합니다.

그런데 왜 자녀를 대학에 보내지 않고 그랜드투어를 보냈을까요? 당시 영국 상류층들은 공교육에 대한 불신과 불만이 가득했다고 합니다. 진부한 교육을 하는 대학에 보내느니 차라리 뛰어난 가정교사와 함께 여행을 보내는 게 더 낫다고 여겼지요. 그 후 영국 사회는 그랜드투어를 다녀온 상류층 자녀들이 지도층이 되어 이끌어나갔다고 하는데요. 여행이 교육의 새로운 수단으로 떠올랐던 대표적인 사례라고 할 수 있습니다.

마지막으로 쇠이유라는 단체에 대해 이야기해볼까 합니다. 쇠이유는 베르나르 올리비에라는 사람이 만들었는데요. 그는 프랑스의 주요 일간지와 방송국에서 기자로 일하다가 퇴직한 후 한 가지 도전을 했다고 합니다. 그건 바로 실크로드를 오직 걸어서 여행하는 거였습니다. 4년 동안, 1만 2000킬로미터를 걷고 그 여행 이야기를 책으로 썼지요. 그게 《나는 걷는다》라는 책인데 이 책이 베스트셀러가 되었습니다.

책의 인세 수익으로 그는 쇠이유라는 단체를 세웠는데요. 쇠이유는 교도소에 수감된 청소년들과 2000킬로미터의 걷기 여행을 하는 단체입니다. 청소년들은 자원봉사자와 함께 걷기 여행을 끝내고 나면 석방이 됩니다. 쇠이유의 걷기 여행 프로그램에 참여한 청소년 수감자들은 일반 수감자들보다 재범률이 훨씬 낮았다고 합니다. 단순히 어딘가에 가둬서 벌을 주는 것보다, 그 아이들과 걷기 여행을 떠나는 게 훨씬 더 효과적임을 입증한 사례지요. 걷기 여행은 아이들에게 새로운 세상을 보여주고, 자기 자신에 대해 생각하도록 만들거든요.

　우리가 생각하는 교육은 어떤 모습인가요? 교실에 앉아 교사의 이야기를 듣는 아이들의 모습? 무언가 열심히 가르치고 시험을 본 다음 등수를 정하는 풍경? 오직 그런 것만이 교육이라 여긴다면 너무 고정관념에 갇혀 있는 것 아닐까요? 여행으로 아이들을 교육할 수 있습니다. 교실에서보다 더 많은 것을 배우고 스스로 뭔가를 깨닫는 교육을 신나고 즐겁게 해낼 수 있습니다 여행은 분명 교육을 위한 좋은 방법이 될 수 있습니다. 확신합니다!

입문

가족여행 위기탈출법

싸우는 여행 탈출하기
2

**"시간이 없다. 인생은 짧기에,
다투고 사과하고 가슴앓이하고 해명을 요구할 시간이 없다.
오지 사랑할 시간만이 있을 뿐이며,
그것은 말하자면 한순간이다."**

— 마크 트웨인 —

아이와 싸우는 순간
#1

　　경주 불국사 앞. 어떤 아이가 엄마에게 기념품을 사달라고 조릅니다. 엄마는 떼쓰는 아이에게 "너 정말 이럴래? 아빠한테 혼 좀 나야 정신 차리겠어?"라고 최후통첩을 하지만 소용없습니다. 이쯤에서 아이가 '네, 어머니. 제가 잘못했습니다. 제발 아버지한테만은 말씀 전하지 마셔요'라며 고분고분 말을 듣는다면 얼마나 좋을까요? 하지만 현실은 아름답지 않습니다. 아이는 사달라고 계속 떼쓰다가 길바닥에 퍼질러 앉아 웁니다.

결국 아빠 손 잡고 기념품을 사러 갔다 왔지요. 엄마는 길게 한숨을 쉽니다. 아이 때문에 생긴 분노가 아빠를 향합니다. 도 끼눈을 뜨고 째려봅니다. 아빠는 왜 불똥이 나한테 튀냐며 한 마디를 하고는 차문을 쾅 닫습니다. 엄마도 아이도 차문을 쾅 닫습니다. 그렇게 가족은 다음 여행지로 향합니다.

여행하다가 싸움이 생기는 건 흔한 일입니다. 평소에 집에 가만히 있을 때도 싸우는데 밖으로 나가 이런 곳, 저런 곳을 함 께 다니다 보면 싸울 거리가 넘쳐납니다. 정말 먼지처럼 사소 한 일 하나로 옥신각신하게 됩니다. 엄마라고 아이와 싸우고 싶겠습니까? 엄마도 아빠처럼 기념품 사주고 점수 딸 수 있습 니다.

하지만 내 아이가 지켰으면 하는 걸 확실히 알려주기 위해서 라도 물러설 수 없는 거지요. 어릴 때는 그렇게 귀엽고 말도 잘 듣던 녀석이 이제 좀 컸다고 '이거 해달라, 저거 사달라, 요건 하 기 싫어, 그건 할 거야'라고 말하며 속을 뒤집습니다. 부모 속도 모르면서 말이죠. 이렇게 싸우고 나면 아이가 미워지기까지 합 니다. 아이와 함께하는 여행은 가고 싶지도 않습니다.

왜 싸우는 걸까?

[#]2

　　　왜 이런 일이 생기는 걸까요? 일단 각자의 마음을 들여다보죠. 엄마는 아이가 말을 안 들어서 속상합니다. 다른 집 아이들은 착하게 말도 잘 듣는 것 같은데 우리 아이만 왜 이럴까 싶죠. 아이가 마음대로 안 되니까 화가 납니다. 남편은 도움이 안 됩니다. 누가 내 마음을 알아줄까요?

　아이는 엄마가 약속을 지키지 않아 짜증이 났습니다. 이번에는 꼭 갖고 싶은 건 언어야겠습니나. 그런데 우리 엄마가 말을 안 듣습니다. 다른 집 엄마들은 사달라고 하면 척척 잘 사주는데 우리 엄마는 왜 이럴까요? 나의 가장 강력한 필살기인 울면서 짜증 내기를 시작합니다.

　아빠는 피곤합니다. 쉬는 날 운전까지 해야 하는데 아이는 말을 안 듣습니다. 그 덕분에 아내는 화가 났습니다. 피곤하니 빨리 이 상황을 끝내고 싶어요. 둘 중 하나는 맞춰줘야겠는데 오늘은 아이가 세게 나오니 아이한테 맞춰줍니다. 상황이 잘 해결되었는데도 아내가 째려봅니다. 내가 이렇게까지 했는데 왜 째려보는지 모르겠습니다. 억울해요.

　가만히 보면 모두가 피해자입니다. 다들 자기가 하고 싶은 게 있는데 그게 마음대로 되지 않습니다. 화가 납니다. 이 순간

엄마는 한숨으로 화를 승화시키고, 아이는 울음으로, 아빠는 투덜대면서 화를 삭입니다. 화가 난 이유는 내 마음대로 하고 싶다는 것. 이것입니다. 여행 중 길을 걷다 좁은 길에서 누군가와 마주쳤습니다. 나는 왼쪽으로 지나가려 합니다. 상대방도 같은 방향으로 움직입니다. 이 순간 계속 왼쪽을 고집하며 상대방에게 오른쪽으로 가라고 한다면? 상대방도 물러서지 않는다면? 싸울 수밖에 없습니다.

이런 사소한 순간에도 하나만 고집하고 그 고집으로 이기려고만 하면 누군가와 충돌할 수밖에 없죠. 싸움의 과정은 누군가에게 상처를 남깁니다. 상처가 반복되면 원수가 되고요. 최악의 경우 서로에게 복수를 다짐하는 가족이 탄생합니다.

그럼 어떻게 해야 할까요? 마냥 참으려니 속이 타들어 갑니다. 어떻게 해서 참는다고 쳐도 아이를 그냥 내버려 두는 건 교육적이지 않은 것 같습니다. 이 순간 우리에게 필요한 건 뭘까요?

위기탈출법 1 : 동영상으로 자신의 모습 촬영하기
#3

저도 아이들하고 여행하면서 힘든 적이 많았습니다. 가끔은 아이들하고 다투기도 하고 때로는 일방적으로 혼내기도 했지요. 그때는 그게 교육이라 여기며 열심히 합리화했던 기억까지 생생합니다. 그러다 어느 날 문득 여행하는 아이들 모습을 동영상으로 촬영해보면 어떨까 하는 생각이 들더군요. 그래서 액션캠이라는 장비를 들고 여행했는데요. 아이들하고 이야기하는 제 모습도 궁금해서 찍어봤습니다.

집에 돌아와 영상을 확인했는데 정말 큰 충격을 받았습니다. 제가 아이들하고 이야기하는 모습이 상상했던 것과는 전혀 달랐기 때문입니다. 심각한 표정, 별것 아닌 일에도 예민하게 아이들을 몰아세우는 말투, 고압적인 자세, 이 모든 것들을 종합적으로 갖춘 사람이 영상 속에 있었습니다. 아이들에게 정말 미안했습니다.

그 충격을 받고 난 후부터 저는 항상 조심하게 되었습니다. 표정, 말투, 자세 이 세 가지를 고치기 위해 애썼습니다. 그랬더니 신기하게도 문제들이 천천히 그러나 분명히 해결되었습니다. 아이들하고 다투지 않게 되었고 혼낼 일도 적어졌습니다. 왜냐면 화를 낼 일도 줄었고, 화가 나도 잠시 멈출 수 있게 되었기 때문입니다. 잠시 멈추고 내 마음을 확인하면 다른 선택이 가능합니다.

우리는 말조심해야 한다는 걸 잘 알지만 늘 무심코 이야기하고 반응합니다. 그래서 일어난 일들에 대해선 후회하고 괴로워하지만 결국 상대방 탓으로 끝냅니다. 이걸 막으려면 자신의 모습을 알아차려야 합니다. 알아차린다는 건 자기 자신을 들여다보는 첫 단계입니다.

내 마음대로 하고 싶을 때, 화가 날 때 우린 스스로를 잃어버립니다. 지갑을 잃어버린 것처럼 당황하게 되죠. 지갑을 잃어버렸을 때 우린 지갑이 없다는 사실을 알아차리기 전까진 아무것도 못 합니다. 알아차려야 지난 기억을 더듬든지 분실신고를 하든지 어떤 조치를 취할 수 있죠.

지갑을 잃어버리지 않으려면 어떻게 해야 할까요? 자리를 뜨거나 옷을 갈아입을 때 일단 멈추고 확인해야 합니다. 내 마음대로 하고 싶을 때, 화내고 싶을 때 잠시만 멈춰보세요. 그리고 내 마음을 확인해보세요. 내가 이기적인 것은 아닌지, 내가 원하는 게 정말 화내는 건지, 1분만 생각할 시간을 가져보세요. 1분이면 됩니다.

이렇게 멈추고 확인하려면 자기 자신을 객관적으로 볼 수 있어야 합니다. 마치 몸에서 영혼을 분리해내어 자기 자신을 관찰하듯 할 수 있어야 하지요. 그러니 조금 쑥스럽더라도 한번 시도해보세요. 특히 아이와 이야기하는 자신의 모습을 동영상으로 찍어 한 번이라도 객관적으로 볼 수 있다면 분명 달라질 겁니다. 멈출 수 있게 되고, 더 좋은 선택을 할 수 있을 겁니다. 인간은 누구나 더 나은 존재가 되기 위해 노력하기 때문입니다.

위기탈출법 2 : 애매한 걸 미리 정하는 가족회의
#4

        싸우는 여행에서 탈출하는 두 번째 방법은 애매한 것들을 미리 정해두는 겁니다. 애매한 것들이라면 어떤 게 있을까요? 우선 생각나는 건 역할 분담입니다. 이번 여행에서 각자 어떤 역할을 맡을지 미리 정해두지 않으면 서로 눈치만 보게 됩니다. 그러다 일이 제대로 되지 않거나 미루면 싸우게 되지요.

  다음은 취향 차이입니다. 엄마는 여행 왔으니 여기저기 부지런히 다니고 싶은데, 아빠는 그저 한 군데 머물러 쉬고 싶다면 어떻게 될까요? 이건 아이도 마찬가지입니다. 아이도 부모가 기대하는 것과는 다른 걸 원할 수 있겠지요. 실컷 놀고 싶다든지, 맛있는 걸 먹고 싶다든지, 자기만의 취향이 있을 겁니다. 서로 존중해주면 다행이지만 대체로 정해진 게 없으면 취향의 차이로 싸우게 됩니다.

  이런 역할 분담과 취향 차이는 여행을 떠나기 전에 미리 가족회의를 통해 정해두는 게 좋습니다. 가족끼리 이렇게까지 할 필요 있나 싶지만, 가족이기 때문에 더 확실히 정해야 합니다. 애매한 것들은 규칙으로 정하고, 미리 합의하는 과정을 거치면 여행지에서 싸울 일이 줄어듭니다. 애매한 것들을 확실하게 만드는 게 곧 준비라는 걸 잊지 마세요. 그럼 이렇게 역할 분담과 취향 차이만 해결하면 끝일까요? 아닙니다. 아이와 함께 가는 여행이니 아이를 교육하기 위한 준비와 계획도 필요합니다.

아이와 싸웠던 엄마가 원한 것은 화내는 게 아니라 부모답게 아이를 가르치고 싶었던 겁니다. 그 순간 좋은 선택을 하려면 화내는 것과 교육하는 것의 차이점에 눈떠야 합니다. 서천석의 《아이와 함께 자라는 부모》에는 이런 내용이 나옵니다.

화내기와 교육은 두 가지 차이점이 있어. 첫째, 준비하고 계획한 것인가? 교육은 무엇을 이용해 어떻게 가르칠지 미리 준비한 것입니다. 둘째, 아이의 입장에 서 있나? 아이를 위해서 한다고 말하지만 화는 결국 내 감정을 못 이겨 터뜨리는 것입니다. 진짜 아이의 발전을 위해 말하는 것이라야 비로소 교육입니다.

아이를 교육하기 위한 좋은 선택을 하려면 준비와 계획이 필요합니다. 아이를 이해하려는 마음도 필요하죠. 그러니 성급하게 선택할 필요가 없습니다. 아직 준비되지 않았고 계획도 없다면 아이를 이해하려는 마음을 먼저 가져보면 좋겠습니다. 아이는 지금 어떤 마음인지, 그 마음을 먼저 알아주고, 서로 맞춰가는 과정을 겪는다면 좋은 선택이 가능하지 않을까요? 만약 준비하고 계획한 게 있다면, 그게 아이의 입장에서 어떻게 받아들여질지 생각해보고 선택하는 게 좋습니다.

하지만 이런 준비와 계획도 엄마와 아빠가 함께 의논해 맞춰가야 합니다. 엄마는 이럴 때 이렇게 하고, 아빠는 이럴 때 저렇게 한다면 아이는 혼란을 겪을 수밖에 없거든요. 부모가 힘을 모아 일관된 태도를 보이는 것이 곧 교육입니다. 부모의 일관된 태도는 아이들의 자기 통제력과도 밀접한 관련이 있기 때문입니다. 일관된 태도를 보이는 부모 밑에서 자란 아이들이 스스로를 조절하는 힘이 있다는 건 이미 많은 자녀교육서에서 밝혀진 사실이거든요.

그러나 사람이 일관된 태도를 보인다는 건 쉽지 않은 일입니다. 늘 상황에 흔들리기 마련이죠. 그렇기에 우리는 규칙을 정해야 합니다. 모여서 애매한 것들을 확실한 규칙으로 정해야 그걸 지키기 위한 노력도 하게 되니까요. 싸우는 여행에서 탈출하려면 애매한 걸 미리 정하는 가족회의를 시작해보세요. 회의하다 싸우면 어떻게 하냐고요? 어차피 싸울 일이라면 미리 해결하는 게 좋습니다. 미루고 미루다 여행을 망치는 것보단 빨리 푸는 게 더 좋겠죠?

제 이야기가 절대 싸우지 말자는 이야기는 아닙니다. 때론 화를 내기도 하고 다투면서 서로 정을 쌓습니다. 화내고 사과하고 이해하는 과정이 이어진다면 싸우는 것도 나쁘진 않습니다. 의사소통의 한 방법이니까요. 다만 자꾸 싸우고 이게 반복되면 서로 좋은 관계를 맺기가 어려울 겁니다. 그보다 더 좋은 방법을 찾기 위해 고민하면서 이 글을 썼습니다. 여러분의 마음속 작은 지혜가 그 순간 행복하게 눈뜨길 기대합니다.

고생하는 여행 탈출하기
3

"성장의 가장 중요한 원리는 사람의 선택에 있다."

— 조지 엘리엇 —

아이와 고생하는 순간

#1

여기는 단양, 온달산성에 오르는 길입니다. 산성은 산 꼭대기쯤에 있겠죠? 올라가는 길이 생각보다 힘든데요. 귀여운 여자아이가 짜증을 내면서 올라옵니다. 아빠는 성큼성큼 올라가다 뒤를 돌아보며 재촉합니다. "야, 이것도 못 해? 나중에 어쩌려고 그래?" 아빠의 말 한마디에 결국 아이는 안 간다고 선언해버리네요.

좀 달래다 지친 아빠는 그럼 마음대로 하라며 아이를 두고 올라가 버립니다. 아이는 입이 툭 튀어나온 채로 옆에 있는 키 작은 나무의 잎을 손으로 뜯어댑니다. 시간이 좀 지나고 짜증이 사라진 아이는 이제 무섭습니다. 엉엉 울기 시작하더니 눈물, 콧물이 범벅이 되어 "아빠, 같이 가"를 외칩니다. 아마 처음엔 이 아빠와 딸도 서로 손을 잡고 다정한 모습으로 올라왔을 겁니다. 그런데 어쩌다 이렇게 됐을까요?

여행은 고생스럽습니다. 어딜 가든 집 밖으로 나서는 활동은 고생스럽기 마련이죠. 게다가 여행은 대체로 처음 가보는 곳을 목적지로 정하기 때문에 고생을 예측하기도 어렵습니다. 여행 전에 준비를 철저히 한다면 고생이야 덜하겠지만 그럼 여행이 재미가 없죠. 다 아는 걸 그대로 실행하는 것만큼 김새는 일도 없습니다.

뭐든지 '적당히'가 중요한데요. 이것 참, '적당히'라는 말만큼 어려운 게 또 없지요. 적당히 알아보고 적당히 여행하라고 한다면 '대체 적당히가 어느 정도인데?'라는 질문을 받을 수밖에 없습니다. '적당히'라는 말을 사전에서 찾아보면 '정도에 알맞게'라는 뜻과 '엇비슷하게, 요령이 있게'라는 뜻이 있습니다. 적당한 준비와 계획이란 얼마나 치밀하게 했고, 얼마나 허술하게 했느냐의 문제가 아닙니다. 아이에게 맞는 준비와 계획을 요령 있게 세우는 거죠.

#2

　　　이건 아이의 입장에서 이번 여행을 어떻게 받아들일지 생각해보는 데서 출발합니다. 여행을 준비할 때 미리 가상 여행을 떠나보세요. 마음속으로 여행의 장면을 그려보면 완벽하진 않지만 어느 정도는 예상되는 어려움이 있을 겁니다. 아이의 입장이 되어 그 어려움을 이겨낼 수 있을지 생각해보는 거죠. 상식적으로 도저히 불가능한 일이라면 그런 일을 무리하게 할 필요는 없습니다. 그런데 만약 상식적으로 생각했을 때 도전해볼 만한 어려움이라면 그 상황에 대비만 하면 됩니다. 대비책만 있으면 충분히 해낼 수 있죠.

　저도 가끔 아이들과 함께 온달산성에 오르곤 합니다. 30분 정도 걸리는 산행길이지만 꽤 힘듭니다. 그래서 한여름이나 한겨울을 피해서 일정을 잡는데요. 그런다고 갑자기 산행이 쉬워지는 건 아니더군요. 온달산성을 보려면 올라가긴 해야 하는데 조금이라도 아이들이 덜 힘들게 올라갈 방법이 없을까 생각해봤습니다. 제 입장에선 그냥 중간에 몇 번 쉬었다 가면 되지 않을까 하는 안이한 생각이 들더군요. 그랬더니 아이들의 원망이 하늘을 찌릅니다. 저만 연약(?)한 아이들을 고생시키는 나쁜 선생님이 되었죠.

　그런데 어느 날 아이들 입장에서 생각해보니 산행이 힘들기도 하지만 무척 지루하다는 걸 알게 됐습니다. 지루함을 덜려면 어떻게 해야 할까 고민해봤죠. 힘들고 지루한 아이들에게 몇 가지 미션을 주었습니다. 30분을 10분씩 나눠 세 번의 미션을 주었더니 결과는 달라졌습니다. 온달산성 산행이 놀이처럼 여겨진 아이들은 힘들다는 말 한마디 없이 신나게 올라갔거든요.

여기서 중요한 점은 미션을 주었다는 점이 아닙니다. 아이들에게 미션을 주는 건 하나의 방법일 뿐입니다. 어떤 방법을 쓰든 미리 그 상황을 상상해보고 준비해야 한다는 거죠. 여행을 떠나기 전에 아이와 함께 가상여행을 해보세요. 같이 상상하다 보면 분명 어떤 어려움이 예상됩니다. 그러면 자연스레 그 어려움을 이겨낼 방법을 찾게 됩니다. 아이도 아이 나름대로 대책을 세우게 되고, 부모도 아이가 어려움을 이겨낼 수 있게 도와줄 방법을 생각하게 되지요.

가상여행은 어렵게 생각하면 부담스러운 활동이 되기 때문에 최대한 쉽게 시작해야 합니다. 그냥 아이와 함께 있는 자리에서 편하게 상상을 시작해보세요. 여행 떠나는 날 아침이 되고 무엇을 챙겨서 어떻게 나갈지 같이 생각해보는 거죠. 여기서 중요한 건 너무 대충 상상해선 안 된다는 건데요. 아이가 순서 없이 막 이야기하거나, 건너뛴다면 순서를 잡아주고 구체적으로 떠올릴 수 있도록 도와주는 게 좋습니다. 같이 그렇게 이것저것 떠올리다 보면 아이에게 힘들고 어려울 만한 부분을 찾

입문 | 가족여행 위기탈출법

을 수 있을 겁니다.

가장 좋은 시나리오는 그 어려움을 이겨낼 해결책을 아이가 제안하는 거죠. 그러나 만약 아이가 그럴 만한 나이가 되지 않았거나, 해결책을 찾지 못한다면 부모가 주도하거나 도움을 줄 필요가 있습니다. 분위기를 즐겁게 이끌고 그 과정을 재미있는 놀이처럼 즐길 수 있다면 아이와 놀면서, 여행도 준비하는 일석이조의 효과를 거둘 수 있습니다.

위기탈출법 2 : 힘든 상황 대처 매뉴얼 작성하기
#3
　　　　　가상여행을 한다고 해도 예상치 못한 어려움은 항상 생깁니다. 특히 여행하는 동안에는 돌발상황이 자주 생기기 때문에 모든 상황을 다 대비한다는 건 거의 불가능하죠. 그럼 어떻게 해야 할까요? 우리는 어렵고 힘든 상황을 겪으면 평소 습관대로 대처하게 됩니다. 자기도 모르게 반응하는 거지요. 그러다 보면 우리가 원하는 상황과는 전혀 다른 쪽으로 흘러가게 됩니다.

리처드 탈러와 캐스 선스타인이 쓴《넛지》에는 인간의 두 가지 인식 체계로 자동 시스템과 숙고 시스템이라는 개념이 나옵니다. 자동 시스템은 말 그대로 직관적이고 자동적인 사고방식을 말하고, 숙고 시스템은 합리적이고 신중한 사고방식이죠. 우리는 평소에 본능적이거나 습관석인 행동을 할 때 자동 시스템을 이용해 선택합니다. 반면 문제를 풀거나 중요한 결정을 할 때는 숙고 시스템을 이용하지요.

좋은 선택을 하려면 처음엔 자동 시스템보다는 숙고 시스템을 이용해야 합니다. 의식적으로 그 순간을 알아차리고 무언가 선택할 때 좀 더 신중할 필요가 있습니다. 숙고 시스템으로 좋은 선택을 반복하다 보면 나중엔 자동 시스템으로도 좋은 선택을 할 수 있게 되거든요. 그러나 무슨 상황이 생길 때마다 숙고해야 한다면 시간도 많이 필요하고 피곤하겠죠?

숙고 시스템을 미리 정리해둔다면 어떨까요? 이럴 땐 이렇게 하고, 저럴 때 저렇게 하면 된다고 알려줄 간단한 매뉴얼이 있다면 시간도 절약하고 수고도 덜 수 있을 겁니다. 힘든 상황 대처 매뉴얼을 만들어보세요. 매뉴얼을 만든다는 게 복잡하게 생각하면 부담스럽지만 단순하게 생각하면 쉽습니다. 여행하면서 생길 수 있는 힘든 상황은 생각보다 원초적인 경우가 많습니다. 덥거나 추운 경우, 피곤한 경우, 배고픈 경우, 지루한 경우처럼 단순한 어려움들이 대부분입니다. 이런 어려움들은 간단한 행동지침만으로도 해결되지만 힘들 때 잘 생각이 안 나지요. 그러니 미리 정해두는 게 현명합니다.

예를 들어 날씨가 무척 더워요. 선크림에 모자 그리고 시원한 물까지 준비했지만 더운 건 어쩔 수 없죠. 매뉴얼을 작성해야 하는 부분은 더위를 피하는 방법이 아닙니다. 더울 때 그 더위를 어떻게 긍정적으로 이겨낼 수 있을지 생각해 적어두는 거죠. 아이가 덥다고 합니다. 미리 고민해둔 게 없다면 "더워도 좀참아"라든지 "이 정도는 더운 것도 아니야"라며 대수롭지 않게 말할지도 모릅니다.

하지만 "엄마도 덥네. 힘든 상황 대처 매뉴얼을 보니까 시원한 음식 상상하기가 있는데 같이 해볼래?"라고 말하며 '수박', '팥빙수', '동치미', '냉면' 이렇게 서로 번갈아가며 이야기해보는 거죠. 우리 아이는 그런 스타일이 아니라면? 스타일에 맞춰 미리 고민해보세요. 준비하면 답이 나옵니다.

굳이 이렇게까지 매뉴얼을 만드는 이유는 뭘까요? 사실 이런 거 없어도 여행을 잘 다녀올 수 있다면 굳이 이럴 필요는 없습니다. 그러나 여행 갈 때마다 아이와 고생하고 힘든 가족이라면 서로를 쉽게 이해할 수 있는 징검다리가 필요합니다. 어른과 아이가 느끼는 어려움은 정도가 다릅니다. 어른에게는 별일 아닌 것도 아이에게는 아주 힘들 수 있어요. 반대일 수도 있겠죠. 이렇게 느끼는 정도와 입장이 다르니 이해가 잘 안 되는 경우가 많습니다. 게다가 부모가 해결책을 내놓아도 아이는 만족하지 못하는 경우도 자주 있고요. 그러니 가족끼리 미리 숙고해서 매뉴얼을 만들어두고 실행해보세요.

　힘든 순간도 '엄마, 아빠와 함께라면 즐겁다'라는 사실이 아이에게 힘이 됩니다. 아이가 힘을 내고 부모가 즐겁다면 여행이 달라지겠죠? 힘들지만 즐거운 여행, 뿌듯한 여행이 됩니다. 그리고 이 과정을 통해 아이는 힘들고 어려운 상황은 이렇게 이겨낸다는 걸 부모에게 배우게 됩니다. 만약 아이에게 다른 어려움이 생긴다면? 부모에게 배운 대로 즐겁게 이겨내려고 할 겁니다. 그런 아이의 주변에는 늘 친구들이 모여들고 함께 하려는 사람들로 가득합니다. 이렇게 순간의 선택은 여행을 달라지게 만들고 아이의 삶을 바꾸기도 합니다.

지혜로운 선택의 의미
#4

　　　아이와 함께하는 여행이 불편하고 힘든 건 어떻게 보면 당연한 일입니다. 어른들의 여행에 따라가니 어딜 가더라도 아이에겐 힘들고 벅찰 수밖에 없지요. 아이가 힘들면 어른도 힘들어지고요. 그렇지만 상황을 바꿀 수 있습니다. 결과가 달라질 수 있습니다. 이 여행이 죽도록 고생하는 여행이 되느냐, 힘들지만 뿌듯한 여행이 되느냐를 좌우하는 건 '한순간의 선택'과 '어려움을 즐겁게 이겨낼 만한 지혜'에 달려 있습니다.

프랑스 철학자 장 폴 사르트르는 "인생은 B와 D 사이의 C다"라는 말을 남겼습니다. B는 탄생(Birth)을, D는 죽음(Death)을, C는 선택(Choice)을 의미하는데요. 다시 말해 '인생은 탄생과 죽음 사이의 선택이다'라는 말이죠. 인생은 계속된 선택의 연속이고 그 선택이 우리의 인생을 만들어갑니다. 어떤 선택을 얼마나 지혜롭게 하느냐가 인생을 달라지게 합니다. 그러니 우리가 끝없는 선택의 과정에 놓여 있음을 알아차릴 필요가 있습니다. 여행하면서 힘든 순간이 오면 지금 내가 무엇을 선택하고 있는지 스스로에게 질문해보세요. 알아차리고 질문만 해도 좋은 상황을 만들 수 있습니다.

그럼 어려움을 즐겁게 이겨낼 만한 지혜는 어떻게 얻을까요? 공자는 지혜를 얻는 방법은 세 가지가 있다고 말했습니다. 첫 번째 방법은 사색입니다. 가장 고상한 방법이지만 실천하기 힘든 방법이기도 하지요. 그 일에 대해 깊이 생각해야 어려움을 이겨낼 방법을 찾을 수 있습니다. 두 번째 방법은 모방입니다. 공자는 모방을 두고 가장 쉬우나 만족스럽지 못한 방법이라고 했습니다. 하지만 저는 시작할 땐 모방이 필요하다고 생각합니다. 비슷한 사례를 찾아 따라 해보는 것도 나쁘지 않습니다. 세 번째 방법은 경험입니다. 아이와 여행했던 지난 시간들을 떠올려 보고, 그 경험으로부터 배울 수 있었던 것들을 잘 실천만 해도 큰 지혜가 됩니다.

우리가 어느 한쪽을 선택했다는 건 어떤 의미일까요? 그건 다른 쪽을 선택했을 때 얻는 것들을 포기했다는 의미입니다. 그러나 우리는 막연하게 추측하고 기대합니다. 아마도 더 좋은 방법이 있을 거라고. 그 추측이 우리의 선택을 망설이게 합니다. '아이도 나도 즐겁고 그러면서 몸도 마음도 편하고 동시에 손쉽고 간편한 최고의 여행 방법'이라는 건 없습니다. 아무리 오랜 시간 고민하고 선택해도 결국, 몸이 편하면 마음이 불편하고, 마음이 편하면 몸이 불편할 겁니다.

그렇다면 우리에겐 '무엇이 더 중요한 것인가?' 하는 문제만 남습니다. 이 문제는 우리 삶의 목적과 관련되어 있는데요. '결국 우린 행복해지기 위해 산다' 여기에 동의한다면 무엇이 더 행복해지는 선택인지를 고민하면 됩니다. 몸이 힘들거나 귀찮더라도 더 행복해질 수 있는 선택을 해보세요. 알긴 알겠는데 '내 몸이 말을 듣지 않아'라는 상황이라면 그것은 두려운 겁니다. 잘하고 싶은데 실패가 두렵습니다. 그러나 실패는 오지 않은 미래입니다. 성공할지 실패할지는 해봐야 아는 거고요. 미리 두려워하면 기회도 없이 그냥 실패입니다. 그럴 바엔 실패하더라도 한번 선택해보는 게 좋겠죠?

억지로 떠나는 여행 탈출하기

4

> "남들보다 잘하려고 고민하지 마라.
> 지금의 나보다 잘하려고 애쓰는 게 더 중요하다."

— 윌리엄 포크너 —

억지로 떠나는 여행

#1

　　여러분은 올해 휴가 때 어디로 여행 갔다 오셨나요? 봉씨네 가족은 이번 여름 제주도로 가족여행을 갔다 왔다고 합니다. 그런데 이야기를 들어보니 여행 계획을 세울 때부터 쉽지 않았다고 해요. 아빠는 귀찮고 피곤하니 여행사에 맡기자고 하고, 엄마는 계획만 잘 세우면 그럴 필요 없으니 계획 좀 세워 보라고 독촉합니다. 아이들은 그냥 집에서 휴대폰 게임이나 하는 게 더 재밌겠다고 하고요. 마음이 안 맞으니 의욕도 안 생기고, 재미도 없어 겨우 갔다 왔다고 하네요.

제주도. 말만 들어도 설레지 않나요? 탁 트인 푸른 하늘. 바다 냄새 나는 바람. 바닥이 들여다보이는 투명한 바다. 남쪽 나라 같은 이국적인 야자수 나무. 노란 유채꽃밭. 돌하르방과 한라산의 손짓. 이렇게 좋은 곳을 저렇게 억지로 가야 하다니 슬플 지경입니다. 왜 이런 일이 생기는 걸까요?

일하듯이 떠나는 형식적인 여행, 무늬만 여행

#2

　　　우선, 여행이 부담스러운 행사처럼 여겨지기 때문입니다. 너도나도 여행을 떠납니다. 주말마다 고속도로가 막히고, 휴가철이면 가는 곳마다 사람이 바글바글합니다. 옆집도, 앞집도, 뒷집도, 순이네, 영희네, 철수네도 다들 여행을 갑니다. 다들 가는데 우리 집이라고 안 갈 수 있나요? 어디라도 가서 바람도 쐬고 맛있는 것도 먹고 와야죠. 그래야 일밖에 모르는 사람이라는 소리도 안 듣고, 인생도 적당히 즐기는 사람이 될 것 같습니다. 아이들도 좋아할 것 같고요.

물론 그럴 만한 여유도 없이 바쁘게 사는 사람들도 많습니다. 하지만, 우리 주변을 둘러싼 환경이 여행을 독촉하는 건 사실입니다. 여행이 연례행사가 되어 삶의 짐처럼 여겨지면 형식적인 여행, 무늬만 여행인 '위치 이동'을 반복하게 됩니다. 결국 여행은 귀찮은 일이 되고, 젊은 날 간직했던 여행에 대한 열정까지도 꺼져버리게 되죠.

저는 아이들과 여행 다니는 게 일입니다. 이게 제 직업이지요. 그러니 쉬는 날까지 여행 가야겠다는 생각이 들진 않더군요. 쉬는 날은 그저 집에서 쉬었습니다. 어쩔 수 없이 가족여행을 가야 할 때가 되면 갑자기 없던 불만이 생기더군요. '쉬는 날까지 여행 가야 해?' 이런 생각이 저를 덮치고 피곤하다, 귀찮다 생각하니 끝도 없이 핑계가 늘어났습니다.

그러다 한순간 이런 생각이 들었습니다. '나 지금 뭐 하는 거지? 쉬는 날도 일하는 것처럼 여행 가네?' 이 순간 여행을 일로 만든 건 도대체 누구인지 생각해봤는데요. 그건 저 자신이었습니다. 즐겁게 떠나면 즐거운 여행인데 그걸 부담스럽게 여기고, 지긋지긋해하는 건 일과 휴식을 구분하지 못했기 때문이었죠.

다른 사람 따라 하는 여행
#3
또 한 가지 이유는 '나만의 여행'을 떠나지 못하기 때문입니다. 요즘은 여행 정보가 넘쳐나고, TV 프로그램에서도 대단한 여행들이 쉴 새 없이 나오죠? 그런데,

'나는 왜 여행이 즐겁지 않을까요? 블로그에 나오는 대로,

TV에서 소개하는 대로, 여행을 떠나지만 즐겁기는커녕 힘들기만 합니다. 그래도 갔다 왔으니 님들한테 자랑 한번 해보고 싶은데 다들 벌써 갔다 왔군요. 쩝. 여행이 즐겁지 않은 걸 보니 아무래도 난 여행 체질이 아닌가 봅니다. 여행도 할 줄 아는 사람들이 다녀야 즐겁나 보네요.'

이런 생각 해보셨나요? '난 여행 체질이 아니야'라는 생각이 들기 시작하면 그때부터 여행은 괴로운 일이 됩니다. 돈 버리고, 고생하고, 귀찮고, 시간 낭비하는 그야말로 쓸데없는 활동의 결정체가 여행이라 여겨지죠.

이렇게 되는 이유는 다른 사람들의 여행을 그저 따라 하기만 했기 때문입니다. 옆집에서 가는 곳으로, TV에서 나오는 방식으로 그렇게 흉내만 내다 보면 여행의 재미가 사라지거든요. 여행이 일처럼 느껴지는 것도 내가 원하는 여행을 하지 않아서죠. 우린 저마다 다른 성격과 취향을 갖고 있습니다. 그러니 각자에게 어울리는 여행도 다르겠죠?

위기탈출법 1 : 메타 프로그램을 활용한 맞춤 여행
#4
　　　카트린 지타가 쓴《내가 혼자 여행하는 이유》에는 메타 프로그램(Meta Program)이라는 인상적인 도구가 나옵니다.

그녀는 메타 프로그램으로 자신의 성향을 파악하고, 그에 따라 여행지를 선택하면 만족스러운 여행을 다녀올 수 있다고 말합니다. 메타 프로그램은 '근본 사고방식'이라고 정의할 수도 있는데요. 신경 언어 프로그래밍 전문가인 레슬리 캐머런 밴들러에 의해 개발되었다고 합니다. 그에 따르면 사람은 고유의 필터를 통해 세상을 받아들이는데 이 필터에 따라 개인의 성향이 정해진다고 하지요.

이 책에서 여행의 스타일을 정하는 데 도움이 된다고 제시한 필터는 '주체성(능동, 수동)', '판단 기준(내적, 외적)', '선택 이유(새로운 대안 중시, 절차 준수 중시)' 이렇게 세 가지입니다. 이런 기준에 따라 '능동적 여행', '수동적 여행', '능동적이면서 수동적인 여행', '내적 기준형 여행', '외적 기준형 여행', '옵션형 여행', '프로세스형 여행' 이렇게 일곱 가지를 제안하는데요. 제가 나름대로 그 내용을 아래와 같이 요약해봤습니다.

1. 능동적 여행 : 분석보다 행동을 선호, 새로운 시도와 발견, 오토바이 여행, 산악 등반 여행, 모험 여행, 철인 3종 경기가 포함된 여행 프로그램

2. 수동적 여행 : 미리 일정이 짜인 여행을 선호, 자유여행을 떠나 중간중간 현지 투어 결합, 여유로운 소도시 여행, 렌터카

를 타고 현지인이 추천해주는 코스로 여행

3. 능동적이면서 수동적인 여행 : 두 가지를 적당히 섞은 여행, 크루즈 여행 추천 (안정적인 선상 일정 + 흥미로운 육지 체험)

4. 내적 기준형 여행 : 자신만의 생각과 관심이 가득함, 혼자 조용히 쉬는 걸 좋아함, 수도원이나 호텔에서 자신만의 시간을, 요가와 명상 여행

5. 외적 기준형 여행 : 주변 사람들의 영향을 많이 받음, 사람들과 만나 소통하기 좋아함, 호스텔에서 만남을, 콘서트나 세미나에 참가하는 여행

6. 옵션형 여행 : 다양한 체험이나 새로운 도전을 선호, 이집트 같은 나라의 고대문명 여행, 사막 여행, 스쿠버 다이빙 여행, 문화와 스포츠를 결합한 여행

7. 프로세스형 여행 : 시작과 끝이 분명하고 의미를 주는 여행 선호, 마라톤이나 박람회 참가, 현지 체험 또는 교육 수업에 참가하는 여행

책에서 제시하는 메타 프로그램의 기준에 따라 여행을 선택하는 것도 괜찮은 방법입니다. 하지만 저는 실제로 검증해보는 방법을 추천하는데요. 내가 좋아하는 여행, 아이가 좋아하는 여행이 어떤 여행인지는 실제로 여행을 갔다 와 봐야 확실히 알

입문 | 가족여행 위기탈출법

수 있거든요. 패키지여행, 배낭여행, 기차여행, 자동차여행, 크루즈여행, 걷기여행, 명상여행, 오지탐험여행 등 여행의 종류는 아주 다양하니까요.

늘 비슷한 패턴과 일정으로 여행 가기보다는 다양한 방식의 여행에 도전해보세요. 그러다 보면 나와 아이가 좋아하는 여행이 어떤 여행인지 경험적으로 알게 되고, 그 여행의 매력에 빠지게 되죠. 다만 여행의 동반자인 아이가 감당할 수 있는 여행을 선택해야 할 겁니다. 너무 어린 아이와 먼 곳으로 가거나 위험한 여행을 하는 건 무리지요. 아이가 어릴 땐 가까운 곳을 중심으로 놀이활동 위주의 여행을 가는 게 좋습니다. 그러다 아이가 크면 조금씩 먼 곳으로 가보세요. 아이가 중학생쯤 되면 배낭여행이나 걷기여행 같은 힘든 여행도 해보면서, 어떤 여행이 나와 아이에게 어울리는 여행인지 몸으로 느껴볼 수 있습니다.

위기탈출법 2 : 우리 가족 행복 리스트 작성하기
#5
　　　　여행의 스타일을 결정하는 큰 틀은 메타 프로그램이나 다양한 방식을 시도하면서 정할 수 있습니다. 그러나 어떤 여행을 하더라도 구체적인 부분이 여행하는 사람에게 와 닿지 않는다면 제대로 즐길 수 없겠죠? 우리는 흔히 가족이니까 어느 한쪽에게 맞춰 여행하려 하는데요. 부모가 주도해서 처음부터 끝까지 기획하는 여행이라든지, 아니면 반대로 모든 걸 아이에게 맞춘 여행을 떠나기도 합니다. 그러다 보면 어느 한쪽의 행복이 고려대상에서 제외되고 여행을 일처럼 느끼게 되는 것 같아요.

가족 가운데 누구 하나라도 소중하지 않은 사람이 없듯, 누구 하나의 행복도 소중하지 않은 행복이 없습니다. 부모든 아이든 행복할 권리가 있고, 행복할 만한 자격도 충분하지요. 그러나 우린 모두 다릅니다. 그렇기에 행복을 느끼는 부분도 다를 것입니다. 비록 가족일지라도 말이죠. 각자 어떤 일에 행복을 느끼는지, 왜 그 일을 하면 행복한지 리스트로 작성해두는 게 좋습니다. 이건 여행 때문이 아니라도 가족끼리 서로를 이해하는 데 꼭 필요한 일이겠죠? 우리 아이는 이런 일에 행복해하고, 내 남편은 이런 일에 행복감을 느끼는구나 하고 공감하면 서로를 더 가깝게 느낄 수 있고 더 배려할 수 있게 됩니다.

행복 리스트 작성은 우선 행복감이 높은 활동들을 기준으로 작성하는 게 중요합니다. 우리 일상에서 큰 행복감을 주는 먹기, 말하기, 걷기, 운동하기 같은 활동들에 구체적인 살을 붙여서 만들어보세요. 처음엔 무조건 많이 적는 게 좋습니다. 말이 되든, 안 되든 여행 가서 이런 거 하면 좋겠다 싶은 걸 가족끼리 돌아가면서 계속 이야기하는 거죠. 그러다 충분히 많이 나왔다 싶을 때부터는 이야기했던 걸 하나씩 지워나갑니다. 그렇게 해서 1인당 다섯 가지 정도의 행복 리스트가 만들어지면, 그걸 모아 비슷한 형식으로 정리하고 공유하면 되지요.

　때로는 내가 무엇을 하면 행복한지 자기 자신조차 모를 때가 있습니다. 그럴 땐 이것저것 시도해보면서 실험해봐야 하는데요. 내가 좋아하는 것들, 나를 행복하게 만드는 것들을 찾아가는 거죠. 그렇기에 행복 리스트는 고정된 게 아니라 계속 업데이트되어야 합니다. 가짓수는 정해두되 그 내용은 가족회의를 할 때마다 바뀔 수 있게 하는 겁니다. 새로운 가능성을 인정하지 않으면 그저 형식적으로만 진행될 수 있기 때문이지요.

　이제 그 리스트를 바탕으로 여행지에서 무엇을 할지 정해보세요. 이땐 어느 정도의 기준이 필요한데요. 여행과는 전혀 관련 없는 일이나 가족끼리 함께하기 힘든 일이라면 조정이 필요합니다. 물론 여행의 시간을 쪼개 각자 행복한 일을 자유롭게 할 시간을 주는 것도 중요합니다. 하지만 여행의 특성상 모든 시간을 그렇게 배정할 순 없죠. 오늘은 아빠가 행복한 활동을 함께 해보고, 내일은 엄마가 행복한 활동을, 모레는 아이가 행복한 활동을 함께 해보세요. 그렇게 서로를 이해하고, 각자에게 행복의 씨앗이 공평하게 뿌려질 때, 억지로 떠나는 여행이 아니라 모두가 행복한 여행을 떠날 수 있습니다.

용기 있는 발걸음이 곧 여행

#6

　　　　나만의 여행을 만든다는 건 결코 어려운 일이 아닙니다. 다들 비슷한 장소로 진격해나갈 때 색다른 장소로 발걸음을 내딛는 용기만 있으면 됩니다. 마땅히 아는 데가 없다면 지도를 펼쳐놓고 가만히 쳐다보세요. 그렇게 10분쯤 지나면 묘하게도 마음이 끌리는 곳이 생깁니다. 그 이상한 기운에 이끌려 나만의 방식으로 떠나면 뜻밖의 여행이 탄생합니다. 망하면 어떻게 하냐고요? 여행이 흥하는지 망하는지는 준비를 어떻게 하느냐에 달려 있지, 남들 따라 하느냐 내 맘대로 하느냐에 달린 게 아니니 걱정하지 마세요.

　　그리고 여행은 과정입니다. 나만의 여행에 도전하고 그 순간 멋진 여행을 위해 최선을 다했다면 그게 바로 멋진 여행입니다. 장소 선택을 도저히 못 하겠다면 남들 가는 곳으로 가되 시간을 달리해보세요. 야간 여행, 새벽 여행, 비 오는 날 여행, 그렇게 나만의 시간에 여행을 떠나세요. 누구도 경험해보지 못한 새로운 여행이 우리 앞에 나타날 테니까요.

　　남들을 따라 한다는 건 초보자이기 때문에 어쩔 수 없는 과정일지도 모릅니다. 첫 시작은 모방이지요. 그런데 이 모방이 계속 반복되면 결국 무늬만 여행이 됩니다. 모방을 통해 발전해나가야 하는데, 모방하는 것이 주는 편안함에 머물면 그렇게 되지요. 따라 한다는 건 나만의 것이 없다는 증거거든요. 여유는 갖되 나만의 것을 만들어야 합니다.

이제 부담스러운 행사 같은 여행, 남들 따라 진격하는 여행은 그만둡시다. 이 모든 건 여행을 계획하는 순간, 그 순간에 남들 눈치 보지 않고 선택하는 용기에 달려 있습니다. 모두가 대세 여행, TV에 나오는 여행 따라잡기를 할 때 아이 손 잡고 나만의 여행, 우리 가족만의 여행을 설계하며 가슴 두근거리는 설렘을 나눠봤으면 좋겠습니다.

재미도, 의미도 없는 여행 탈출하기
5

"당신이 인생의 주인공이기 때문이다. 그 사실을 잊지 말라.
지금까지 당신이 만들어온 의식적 그리고
무의식적 선택으로 인해 지금의 당신이 있는 것이다."

— 바바라 홀 —

재미도 의미도 없는 여행

#1

　　국립중앙박물관. 이 크고 좋은 박물관에서 한 엄마와 아이가 실랑이 벌이는 걸 봤습니다. 박물관이 너무 지루한 아이는 자꾸 집에 가고 싶다고 하고요, 엄마는 끝까지 보면서 뭐라도 배웠으면 합니다. 이미 아이는 지쳐서 영혼이 떠난 듯 멍합니다. 엄마는 오디오 가이드를 들으며 다음 전시관으로 가자고 아이를 재촉했지요. 결국 아이가 죽어도 못 간다며 떼를 쓰기 시작했고 엄마의 목소리는 커집니다. 서로 말이 안 통하니결국 박물관 여행을 포기하게 되었지요. 아이는 한없이 재미있기만 바라고, 부모는 재미도 좋지만 의미도 있었으면 하고 바라는 이런 상황. 한 번쯤 겪어보셨나요? 어째서 이런 일이 생기는 걸까요?

아이가 기대하는 여행, 어른이 기대하는 여행
#2

아이와 함께 여행을 떠나보면 느낄 수 있습니다. 아이들이 기대하는 여행과 어른들이 기대하는 여행이 다르다는 걸 말이죠. 아이들은 즐겁고 신나고 재미있는 여행을 외치지만, 어른들은 여기에 의미가 더해져야 만족스럽거든요. 이런 아이들을 보면 어른들 입장에선 걱정이 앞섭니다. '저렇게 재미있는 것만 하려고 해서 어쩌나?' 하고 말이죠.

여행을 통해 뭔가 배우고 느껴야 성장할 텐데 주야장천 놀기만 합니다. 이래서 언제 '성장'이란 걸 할지 의심스럽기도 하죠. 다른 아이들에 비해 뒤처지는 것 같아서 불안하기도 하고요. 반면 아이는 재미있는 걸 하려는데 못마땅한 시선으로 바라보는 어른들이 이해가 안 됩니다. 별로 잘못한 것도 없는데 갑자기 잔소리가 날아오고 툭하면 못 놀게 할 거라며 협박합니다. 서운해요.

저와 함께 여행하는 아이들이 제게 묻습니다. "오늘은 어디

가요?" 박물관이라고 이야기하면 다들 표정이 일그러집니다. 어떻게 그렇게 싫은 티가 팍팍 나는지 신기합니다. 우리나라 박물관들이 아이들과 원수를 진 건지, 그게 아니면 박물관은 재미없다고 책에 나오는 건지 잘 모르겠습니다. 아무튼 그렇게 박물관은 탈락이고요. 무슨 역사 유적지나 문학관도 비슷한 반응을 보입니다. 과학관은 호불호가 갈리는 편이고, 놀이동산은 대환영이죠.

사실 어디를 가서 어떤 활동을 해도 재미만 있으면 큰 문제는 없습니다. 이 경우엔 아이가 만족하니 어른이 욕심만 조금 줄이면 되거든요. 그런데 재미는 없지만 의미는 있을 때 또는 재미도 의미도 없을 때 문제가 생깁니다. 아이는 재미없다는 걸 용서치 않습니다. '아니, 어떻게 재미없을 수가 있지?' 하고는 다른 재미를 찾아 나섭니다. 그러다 어른들이 정한 테두리를 넘어서면 문제가 생기지요.

재미와 의미는 주인공이 되는 활동을 해야 얻을 수 있다
#3

사실 재미와 의미를 완전히 별개로 여기는 건 고정관념입니다. 재미와 의미는 분명 다른 개념이지만 서로 연결되어 있거든요. 재미의 대명사라 할 만한 컴퓨터 게임을 하다 지겨워지는 순간 '이게 무슨 의미가 있나?' 하고 공허함을 느낄 때가 있습니다. 가장 의미 있다고 생각되는 공부를 할 때는 끊임없이 '뭐 재미있는 일 없을까?' 하고 딴생각을 하게 됩니다.

재미를 추구하다 보면 자연스레 의미를 찾게 되고, 의미를 추구하다 보면 재미를 찾게 되는 거죠. 만약 재미도 있고 의미도 있으면 행복감을 느끼는 거고요. 게임이 너무 재미있고 그 속에서 삶의 의미까지 찾는다면? 드물긴 하지만 공부하면서 너무 재미있어 죽겠다면? 행복합니다. 재미와 의미는 연결되어 있고 함께 느껴질 때 행복으로 이어집니다.

그럼, '재미와 의미' 이건 어떻게 생기는 걸까요? 사실 박물관이라고 해서 꼭 재미없고 의미만 있는 것은 아닙니다. 놀이동산이라고 꼭 재미만 있고 의미는 없느냐? 그것도 아닙니다. 놀이동산에서도 얼마든지 의미 있는 일을 할 수 있습니다. 여행의 재미와 의미는 어디를 가느냐에 따라 정해진다기보다는 어떻게 가느냐에 따라 정해집니다. 박물관에서 자유이용권을 사고 고대 유물들을 신나게 타고 다닌다면 얼마나 재미있을까요? 놀이동산에서 놀이기구는 타지 않고 기구들의 역사와 유래에 대한 설명만 보고 다닌다면 재미가 있을까요?

김선진 교수가 쓴《재미의 본질》에는 관점별 재미 요소 12가지가 나옵니다. 개별적 차원의 재미 요소로는 자기 결정감, 자기 유능감, 감각적 생생함, 고독감을, 관계적 차원의 재미 요소로는 자기 표현감, 대인 교류감, 공감을 제시합니다. 공통적 차원의 재미 요소로는 신체적 역동감, 모험감, 일탈감, 대자연감, 새로운 경험을 제시하는데요. 이 가운데 재미를 인식하기 위한 필수 재미 요소로 자기 결정감과 자기 유능감을 꼽습니다. 자기 결정감은 어떤 행동을 자발적으로 시작했다고 느끼는 상태이며, 자기 유능감은 자신의 능력을 확인한 상태라고 할 수 있죠.

　결국 재미는 자기 스스로 시작해 자신의 능력을 확인할 때 느껴집니다. 그렇기 때문에 저는 '주인공'이 되는 활동을 해야 재미를 느낄 수 있다고 생각합니다. 내가 직접 수행하면서 주도해나갈 때 재미있는 거죠. 그래야 내가 살아 있다는 걸 느낄 수 있거든요. 의미도 이와 비슷합니다. 공부하면서 얻는 지적 만족감, 봉사활동을 하면서 얻는 보람 같은 것도 결국 나의 존재감, 내가 살아 있다는 걸 느끼는 활동을 통해 얻는 겁니다. 결국 재미와 의미는 주인공이 되는 활동, 존재감을 느끼는 활동을 하면서 생기지요.

위기탈출법 1 : 역할극으로 시작하기
#4
　　　주인공이 되는 활동, 존재감을 느끼는 활동을 하려면 어떻게 해야 할까요? 어린아이들의 놀이를 잘 살펴보면 역할극이 주를 이룬다는 걸 알 수 있습니다. 아이들은 역할극을 통해 사회적 역할을 배우는데요. 그저 노는 것처럼 보여도 그 과정을 통해 자기가 맡은 일을 어떤 식으로 해결하고, 다른 사람과는 어떻게 소통하는지 알게 됩니다. 이런 역할극은 쉽게 시작할 수 있고, 아이가 자신의 능력을 확인하는 데도 도움을 주기 때문에 적극적으로 활용하는 게 좋습니다.

아이와 여행을 준비할 때 모든 일을 부모가 알아서 처리하는 건 부모에게도, 아이에게도 좋은 일이 아닙니다. 가족이 함께 가는 여행이니 서로 역할을 나눠야겠죠. 이렇게 보면 낭연한 일입니다. 그런데 역할을 나눈다고 하면 어쩐지 일거리를 나눠주는 것처럼 느껴질 때도 있습니다. 여행은 일이 아닙니다. 여행은 놀이가 되어야 합니다. 하지 않아도 괜찮지만, 하면 즐겁고 신나는 놀이가 되어야 여행을 즐길 수 있게 되거든요.

우선은 소꿉놀이처럼 시작해보세요. 아이가 엄마 역할이나 아빠 역할을 해보기도 하고 부모가 아이처럼 굴어보면 어떨까요? 서로의 입장이 조금은 이해가 될까요? 가족놀이 다음으론 왕, 귀족, 평민처럼 신분을 정해 역할극을 하는 것도 재미있습니다. 오늘은 아이가 왕 노릇을 하고 내일은 엄마가 왕이 되어보기도 하는 거지요. 왕관 같은 소품을 활용하면 더 좋을 겁니다.

그러다 아이가 좀 크면 함께 모험을 떠난다고 생각하세요.

롤플레잉 게임처럼 스토리도 만들고 가족의 특기를 살려 직업도 정해보세요. 모험가들이 수행할 미션도 만들고, 필요한 아이템들도 하나씩 챙겨보는 거죠. 레벨도 정하고 여행지에서 만나는 사람들과 대화도 하면서 경험치를 쌓는 설정도 괜찮습니다.

이렇게 역할극으로 여행을 시작하면 일단 재미가 있고요, 그 속에서 각자 역할을 나눠 맡으면 부모의 부담도 조금 덜게 되고, 아이는 스스로 할 수 있는 활동들이 점차 늘어나게 됩니다. 물론 처음엔 힘들 수밖에 없습니다. 아이에게 역할을 맡기는 부모도 처음이고 아이도 처음이니까요. 누구나 처음엔 서툴고 모자랍니다. 하지만 계속 시도하고 옆에서 격려해주면 언젠가는 자신의 역할을 훌륭히 해내는 아이가 될 겁니다. 아이가 자기 능력을 확인하고, 가족 내에서 존재감을 느끼는 것만큼 의미 있는 일이 또 있을까요?

위기탈출법 2 : 우리 가족 짠내투어 기획하기
#5

여러분 혹시 〈짠내투어〉라는 예능 프로그램을 아시나요? 저는 꽤 즐겨 보는 프로그램인데요. 멤버들이 각자 돌아가면서 여행을 이끌어보는 프로그램입니다. 정해진 예산 안에서 최대한 만족감을 주는 여행을 계획해 진행하고 마지막엔 평가도 합니다. 도중에 돈이 바닥나거나 평가가 좋지 않을 땐 벌칙도 수행하죠.

　우리 가족 〈짠내투어〉를 기획해보세요. 특히 아이와 함께 여행을 갈 땐 〈짠내투어〉처럼 시스템을 마련해둘 필요가 있습니다. 부모가 일방적으로 이끄는 여행을 하다 보면 어쩔 수 없이 부모 취향의 여행이 만들어집니다. 멋진 풍경을 보고, 맛있는 음식을 먹고, 편하게 쉬면서 힐링하다가 조용히 일상으로 돌아오는 여행이 되죠. 어른들에겐 이런 여행이 더없이 좋은 여행이겠지만 아이들은 시큰둥합니다. 맛있는 거 먹을 땐 잠시 좋겠지만 할 일 없이 풍경을 보다 별일 없이 돌아오는 여행은 아이들 취향이 아니거든요. 아이들에게도 여행을 이끌 기회가 주어져야 합니다.

　만약 아이가 어리다면 난이도를 쉽게 조정하는 게 좋습니다. 정말 〈짠내투어〉처럼 모든 걸 맡겨버린다면 그야말로 엉망이 될 테니까요. 여행하는 중간중간에 아이가 이끄는 활동들을 하나씩 만드는 걸 추천합니다. 여행을 계획할 때부터 아이가 한 가지라도 준비할 수 있게 기회를 주는 건 어떨까요? 이번 여행 때 들를 식당들을 찾아보게 한다든지, 여행 경비를 어떻게 쓸지 계획을 세워보게 한다든지 하면서 아이에게도 분명한 역할을 맡겨보세요. 박물관에서 표를 살 때도 아이가 할 수 있다면 기회를 주는 게 좋고요. 박물관을 어떤 식으로 둘러보고 어떤 활동을 해볼지도 같이 의논해보세요.

이렇게 아이가 참여하면서 조금씩 자기 역할을 늘려나가도록 하면 어느 순간 기회가 찾아옵니다. 무슨 기회일까요? 바로 아이가 여행을 이끌 기회입니다. 저는 평균적으로 초등학교 4학년이 되면 여행을 이끌 수 있을 만한 능력이 생긴다고 생각합니다. 너무 어린 것 아니냐고요? 아닙니다. 미리 하나둘씩 역할을 맡아 연습해왔다면 분명 해낼 수 있습니다. 일단 정해진 예산을 주고, 여행을 계획할 기회를 주세요. 처음엔 옆에서 지켜보며 조금 도와줘야 할 겁니다. 하지만 어쨌든 기본 원칙은 아이가 주도하는 거죠.

계획이 어느 정도 세워지고 실행하는 단계에선 무엇보다 격려가 중요합니다. 아이가 나서서 무엇을 한다는 것만으로도 대단한 일이니까요. 잘 안 되더라도 용기 낼 수 있도록 옆에서 계속 응원해주세요. 이때 가장 중요한 것은 성공의 경험입니다. 한 번이라도 제대로 성공하고 나면 자신감이 생기고, 그 자신감이 곧 잘할 수 있는 바탕이 되기도 하거든요. 아이에게 성공의 경험을 심어주기 위해선 부모가 시범을 체계적으로 보여줄 필요가 있는데요. 그냥 이렇게 하면 된다고 이야기만 해서는 이해하기 어렵습니다. 직접 앞에서 보여주고, 쉽게 해낼 수 있는 환경을 만들어주는 게 좋겠죠.

끝으로 여행을 마무리 지을 땐 평가를 해야 합니다. 〈짠내투어〉가 그러하듯 가족 모두가 심사위원이며, 동시에 가족 모두가 평가 대상이기도 하죠. 평가의 목적은 더 나은 여행을 만들기 위함이니 너무 냉정하게 따지고 들 필요까진 없습니다. 서로 별점을 매기는 건 여행의 재미를 위해 그렇게 하는 것일 뿐입니다. 스스로 생각했을 때 아쉬웠던 부분이 있다면 솔직히 이야기하고 의견을 묻는 정도가 좋겠지요.

아이가 이끄는 활동이 곧 아이가 주인공이 되는 활동입니다. 이 활동을 통해 아이는 존재감을 느낄 수 있고, 재미와 의미를 경험할 수 있습니다. 아이가 여행에 적극적으로 나서게 하고 싶다면, 아이를 주인공으로 만들어보세요. 주인공이 된 아이는 어른들이 깜짝 놀랄 만한 능력을 보여줄 겁니다. 아이는 믿는 만큼 성장하니까요.

초급

다시 시작하는 가족여행

아이와 여행, 다시 시작하기
6

> "무수히 많은 순간들이 모여 영원이 된다.
> 하여 순간은 작지만 빛나는 영원의 조각들.
> 그 아름다운 조각들을 너와 함께 새기려는 게
> 그리 큰 욕심일까."
>
> ─이석원《언제 들어도 좋은 말》중에서─

여행을 기대하는 순간

#1

    봉씨네 가족은 이번 주말에 여행을 가기로 했습니다. 지겨웠던 겨울이 끝나고, 이제 봄기운이 느껴지기 시작했거든요. 이미 집 주변엔 개나리꽃이 만발해 있네요. 운전만 할 줄 알았지 통 관심 없는 봉아빠는 늘 '이런들 어떠하리, 저런들 어떠하리' 하며 살기 때문에 도움이 안 됩니다. 봉엄마라도 나서야 이번 여행이 순조로울 것 같습니다. 봉엄마는 컴퓨터를 켜고 어디를 갈까 검색해봅니다. 인터넷에 '봄나들이 추천'이라고 치니 생각보다 정보가 적네요. 이게 아닌가 싶어 이번엔 '봄 여행 추천'이라고 입력해봅니다. 그랬더니 각종 여행 정보와 블로그, 매거진들이 주르륵 나옵니다.

'옳지! 요거구나!'를 속으로 외치며 이것저것 관심 가는 데를 클릭합니다. 그렇게 여행지 검색 삼매경에 빠져 있을 때 여덟 살 난 봉이가 옆에 와서 뭐 하냐고 묻네요. 봉엄마와 봉이는 함께 여행지를 찾아보기로 했습니다. 컴퓨터 앞에 나란히 앉아서 이곳저곳을 살피다가 우연히 봄축제를 알리는 화려한 동영상을 하나 봤는데요. 봉이가 아주 집중해서 보네요. 그러다 갑자기 외칩니다.

"엄마! 여기 가고 싶어! 여기 가자!"

여행의 시작은 기대!
#2
　　　　여러분은 여행 계획을 어떻게 세우나요? 요즘은 여행 계획을 세울 수 있게 도와주는 도구들이 참 많습니다. 계획을 잘 세울 수 있게 체크리스트를 제공하는 여행책도 있고요. 교통편과 숙소를 한 번에 해결해주는 예약 사이트도 있지요. 스마트폰으로 손쉽게 계획을 세울 수 있는 여행 계획 앱까지 있는데요. 사실 계획을 세우는 방법은 여행 블로그나 카페 같은 곳을 찾아다니면 아주 자세하게 알 수 있습니다. 여행 도사들이 제공하는 여행 계획 비법을 전수받으면 누구나 꼼꼼하게 계획을 세울 수 있죠.

하지만 그게 다일까요? 여행을 효율적으로 계획하고, 꼼꼼하게 준비하면 정말 즐거운 여행이 될까요? 아이와 함께 여행을 떠날 땐, 한 가지 더 필요한 일이 있습니다. 그건 바로 '기대를 갖는 것'입니다. 여행 계획을 세우면 기대는 자동으로 생기는 거 아니냐고요? 물론 계획을 세우다 보면 기대는 생깁니다. 예전에 갔던 여행이 좋았다면 말이죠. 만약 여행에 대한 안 좋은 추억이 있거나, 여행 경험이 별로 없다면 어떨까요? 가기 싫은 여행에 억지로 끌려가거나 아무런 기대감 없이 떠나게 됩니다. 그럼 시작부터 여행은 꽝이죠.

동기부여의 3요소
#3

사회심리학자 빅터 브룸의 '기대 이론'에 따르면 어떤 일이나 행동을 이끄는 동기는 다음과 같은 요소들로 이루어진다고 합니다.

$$동기(Motivation) = 기대 \times 수단성 \times 유의성$$

동기, 즉 여행을 가고 싶어 하고 여행을 준비하도록 만드는 동기는 기대, 수단성, 유의성이라는 요소로 구성됩니다. 기대는 다 아시죠? 수단성은 행위를 통해 보상을 얻을 주관적 가능성이라고 합니다. 음, 어려운 말을 더 어렵게 설명했네요. 예를 들어 여행을 갔을 때 그 여행이 즐거울 가능성이라는 거죠. 아이가 생각할 때 여행이 즐거울 가능성이 너무 낮으면 여행 가고 싶을까요?

유의성은 행위를 통해 얻은 보상에 부여하는 가치라고 합니다. 예를 들어 '여행의 즐거움'이라는 보상에 점수를 매기는 거죠. A라는 아이는 여행의 즐거움에 10점을 주는데, B라는 아이는 여행의 즐거움에 90점을 준다면 누가 더 여행 가고 싶어 할까요? 당연히 B라는 아이가 더 적극적으로 나설 겁니다.

이렇듯 여행을 가고 싶게 하고, 준비하도록 이끄는 동기는 '여행에 대한 기대', '여행이 즐거울 가능성', '여행의 즐거움에 부여하는 점수'로 이루어지는데요. 이 셋 가운데 부모가 아이와 함께 만들 수 있는 가장 쉬운 요소는 '기대'입니다. 가능성이나 점수는 아이가 과거 경험에 비추어 주관적으로 부여하는 요소라 바꾸기 어렵죠. 하지만 '여행에 대한 기대'는 다릅니다. 부모와 아이가 여행을 어떻게 계획하고, 준비하느냐에 따라 기대감은 큰 차이를 보입니다.

구체적으로 상상해야 생기는 기대감

#4

　　　　그럼, 기대감은 어떻게 생기는 걸까요? 기대를 가지는 건 대체로 상상하는 데서 시작합니다. 이번 여행이 어떨지 머릿속으로 그려보면서 기대를 가지는 거죠. 그런데 재미있는 사실이 하나 있습니다. 상상도 정도에 차이가 있다는 겁니다. 막연한 상상은 그냥 어떨까 하고 잠시 떠올려 보고 느끼는 정도지만, 구체적인 상상은 실제로 여행을 간 것처럼 만들어주거든요.

　　상상은 곧 기대감으로 연결되는데요. 막연한 상상은 막연한 기대감으로, 구체적인 상상은 구체적인 기대감으로 이어지죠. 막연한 기대감을 갖고 여행을 간 아이들은 어떤 식으로든 실망하게 됩니다. 막연하다는 것은 정해지지 않았다는 거고, 그 때문에 실제보다 더 부풀려서 기대하기도 합니다. 현실은 그렇지 않으니 당연히 실망할 수밖에 없죠.

　　반면 구체적인 기대감을 갖고 여행을 떠난 아이는 좀 더 현실적인 기대를 합니다. 동물원에선 이게 재미있을 것 같고, 놀이공원에선 저게 재미있을 것이라고 범위를 좁히는 거죠. 그럼 재미를 느낄 확률이 높아집니다. 구체적인 기대감은 여행이 끝날 때 더 빛을 발하는데요. 막연한 기대감을 가진 아이보다 훨씬 자세히 여행을 평가하도록 만듭니다. 여행 가운데 이건 이래서 좋았고, 저건 저래서 별로였다고 말할 수 있게 되지요. 막연함에 대한 반응은 '좋다', '싫다'로 나뉘지만, 구체성은 하나하나 짚어서 항목별로 좋은 점과 안 좋은 점을 설명하도록 만들어주거든요. 그러니 여행을 준비할 때 아이가 구체적인 기대감을 가질 수 있도록 이끄는 게 좋습니다.

초급 여행의 기술 1 : 기대를 불러오는 상상놀이
#5

　　　　구체적인 기대감을 얻으려면 이번 여행을 구체적으로 상상해봐야 합니다. 구체적인 상상. 어떻게 해야 가능할까요? 여행 가기 전에 아이와 함께 상상놀이를 해보세요. 딱 10분 정도만 진짜 여행이라 생각하고, 아이와 함께 상상놀이를 해보는 거죠. 안방에서 출발해 작은방으로, 작은방에서 거실로, 거실에서 부엌으로 옮겨 다니며 상상놀이를 해보세요. 방마다 여행지 사진을 붙여두고 하면 더 재미있을 거예요.

이렇게 하면 놀이가 자연스레 가상여행이 되고, 여행 갈 때 무엇을 준비해야 할지, 어떻게 진행해야 할지 감이 옵니다. 아이와 함께 여기서는 뭐 하고 놀지, 저기서는 어떻게 놀지 상상하며 미리 정해두면 실제로 여행지에서 할 일 없이 헤매는 상황도 피할 수 있지요. 여행을 심드렁하게 여기는 아이도 이렇게 몇 번 놀이처럼 해보면, 이번 여행을 기대하게 되고 관심을 갖게 됩니다.

그럼, 아까 그 순간으로 돌아가 봅시다. 귀염둥이 봉이가 엄마한테 '여기 가고 싶어! 여기 가자!'라고 외친 건 축제 동영상을 보고 상상했기 때문이겠죠? 이 순간 우린 어떻게 해야 할까요? 설마 '꿈 깨~ 저건 그냥 홍보 영상일 뿐이야. 현실은 피곤한 거야'라며 핀잔을 주는 부모는 없겠죠? 장난으로라도 그런 말을 내뱉으면 '동심 파괴자' 내지는 '상상 브레이커'라는 별명을 얻게 될 겁니다.

아이가 상상하는 순간 그 상상이 구체적인 상상으로 이어질 수 있도록 도와주세요. '지 축제에 가면 뭐 하고 싶어?' '어떤 게 제일 재미있어 보여?' '저기 가려면 뭐 타고 가야 될까?' 같은 질문은 막연함을 구체적인 생각과 기대로 바꿔줍니다. 그렇게 질문으로 시작해 구체적인 상상을 하고, 상상놀이도 시작해보세요. 이런 활동을 거친 다음 아이와 함께 여행 일정을 짜고 준비물을 챙긴다면 훨씬 쉽게 여행을 준비할 수 있을 겁니다.

초급 여행의 기술 2 : D-데이 카운트하기
#6
　　　　여행을 기대하게 하는 두 번째 방법은 D-데이를 세어보는 겁니다. 상상놀이를 할 만한 시간이나 여건이 되지 않을 때 좋은 방법인데요. 집에서 가장 잘 보이는 곳에 여행까지 남은 날짜를 표시해 붙여보세요. 만약 일주일 남았다면 A4 종이

에 'D-7' 이렇게 크게 적어서 붙이면 됩니다. 여기서 중요한 건 'D-7'이라는 글자는 아이가 직접 적도록 해야 한다는 겁니다. 이 방식은 실제로 적는 사람이 숫자를 카운트하면서 기대감을 키우는 방식이기 때문이죠.

그런 다음 아이에게 어떤 기분이 드는지 물어보세요. 아이가 설렌다거나 긴장된다고 하면 그것도 같이 종이에 적어보세요. 그다음 다른 가족들도 자기 기분을 한마디씩 씁니다. 완성된 D-데이 종이를 잘 보이는 데 붙이고, 거기다가 아이디어가 생각날 때마다 적거나 포스트잇으로 붙여보세요. 이런 간단한 방법으로 기대가 생길까 싶지만 대부분의 아이들은 그렇게 카운트하며 시간을 들이면 큰 의미를 둡니다. 여행을 기다리고 그 기다림을 매일 확인하다 보면 적극적으로 나서서 여행을 준비하기까지 하게 됩니다. 그리고 숫자를 카운트하는 과정에서 가족들의 기분이나 여행 아이디어가 공유되기 때문에 여행을 계획하는 데도 도움이 되죠.

아이와 함께하는 여행, 기대하세요! 다가오는 날짜를 헤아리며 아이와 설렘을 함께해보세요. 멋진 장소에, 멋진 차를 타고, 효율적인 계획에 따라 손쉽게 입성한다고 훌륭한 여행이 되는 건 아닙니다. 아이와 함께 마음껏 상상한 다음 두근거리는 마음, 설레는 마음을 나눠 가지며 여행의 첫발을 내딛을 때 비로소 멋진 여행, 특별한 여행이 시작될 겁니다.

봉쌤의 Tip

마법 같은 숫자 카운팅의 효과, 어떻게 쓰는 게 좋을까?

숫자를 카운트한다는 건 생각보다 큰 의미를 갖고 있습니다. 토머스 W. 펠런이 쓴 《1-2-3 매직》이라는 책에는 수십 년 동안 많은 부모와 교사에게 검증받은 3단계 훈육법 가운데 하나로 '숫자 카운팅'을 제시하고 있는데요. 실제로 유치원이나 학교 수업에서 노련한 교사들이 자주 쓰고 있는 방법이며 효과도 뛰어납니다. 하지만 대부분의 경우 아이들의 문제 행동을 바로잡거나, 교사의 의도대로 수업을 진행하기 위해 사용되기 때문에 가끔은 억압적인 분위기를 형성하기도 하죠. 그래서 숫자 카운팅은 긍정적인 의도로 사용되는 것이 중요합니다. TED 강연 가운데 엄청난 인기를 누리고 있는 멜 로빈스의 'How to stop screwing yourself over'라는 강연에는 '5초의 법칙'이라는 방법이 나오는데요. 이것 역시 어떤 일을 하기 전에 숫자 5에서부터 거꾸로 세고 바로 실행하는 카운팅의 힘을 보여주는 방법입니다. 그런데 이 강연에서는 카운팅의 의도가 조금 다릅니다. 누군가를 바꾸기 위한 것이 아니라 자기 자신의 행동을 바꾸기 위한 용도로 카운팅을 사용하는 거죠. 여행을 준비하며 D-데이를 카운트할 때도 이걸로 아이를 바꿔보겠다고 생각하기보다는, 우리 가족의 기대와 설렘을 위해 카운트한다고 생각하는 게 좋겠죠?

무기력한 아이와 여행하는 법
7

"삶에 만족할 수 있는 유일한 방법은
내가 하는 일이 위대하다고 믿는 것이다."

― 스티브 잡스 ―

아이가 적극적으로 나서는 순간

#1

      주말을 맞이해 봉아빠는 봉이와 캠핑을 가기로 했습니다. 처음 가는 캠핑이라 준비할 게 참 많네요. 봉아빠는 할 일 없이 뒹굴고 있던 봉이 옆에서 준비물 챙기기를 시작했는데요. 목록표를 만들어 잠시 들여다보고 있으니 봉이가 뭐 하냐고 묻네요. 캠핑 준비 중이라고 이야기하고는 "어디 도와줄 사람 없나" 하고 푸념해봅니다. 그랬더니 무기력하게 소파에 누워 있던 봉이가 벌떡 일어나 눈을 반짝이며 말하네요.

      "아빠, 내가 해볼게!"

무기력에 빠지는 아이들

#2

　여러분의 아이들은 어떤가요? 뭐든지 해보려고 의지를 불태우는 편인가요? 아니면 시큰둥한가요? 여행을 준비할 때 또는 여행지에서 아이가 의욕을 가지면 참 기특하게 느껴집니다. 잘하고 못하고를 떠나서 '내가 한번 해볼게!' 하고 나서는 아이는 어른들을 흐뭇하게 하죠. 대체로 아이들은 어릴 때 뭔가 해보겠다는 의욕이 넘칩니다. 이것도 해보고 싶어 하고, 저것도 해보고 싶어 하죠.

　그러다가 어느 정도 커서 해야 할 일들이 많아지면 의욕이 줄어들기 시작합니다. 물론 성격이나 환경에 따라 차이가 많이 나지만 대개 사춘기, 청소년기쯤 되면 의욕적인 아이들이 멸종됩니다. 의욕 대신 해야 할 일들을 하느라 바쁘거나, 관심 있는 몇몇 일에만 집중하는 쪽으로 변합니다. 이런 생활이 반복되고 피곤함에 지치면 무기력이 찾아오게 되죠.

　한 신문기사에 청소년들에 대한 통계자료가 실려 있어 읽어보았는데요. 2007년 이후 청소년 사망 원인 1위는 지금까지 계속 '자살'이라고 합니다. 청소년들의 삶에 대한 만족도는 OECD 회원국을 포함한 72개 나라 가운데 71위를 기록했다고 하고요. 청소년 두 명 중 한 명은 학교생활에서 스트레스를 받고 있다고 해요.

스트레스의 주된 원인은 역시 학업 스트레스인데요. 그 스트레스로 인해 나타나는 가장 흔한 증상이 우울증입니다. 우울증 치료를 받는 학생이 2만 명을 넘어섰다고 하고, 서울 거주 중학생 네 명 중 한 명이 우울 증상을 경험했다는 통계자료도 있지요. 그런데 이런 우울증이 무기력에서 비롯되며, 서로 연관되어 있어 상호작용을 한다는 연구결과도 있습니다. 무기력해서 우울해지고, 우울해서 무기력해지는 청소년들이 많다는 거죠.

무기력한 아이들이 늘고 있습니다. 움직이기도 싫어하고 모든 일에 심드렁한 아이들. 뭘 해보려는 의욕을 상실한 지는 오래됐습니다. 오로지 스마트폰만 쳐다보며 시간을 보내지요. 무기력한 아이들은 여행도 귀찮아합니다. 여행 가봐야 재미도 없고, 피곤하기만 하다고 생각하죠. 그냥 집에서 편하게 뒹구는 게 최고라 여깁니다.

제가 만난 아이들 중에도 이런 아이들이 꽤 있었습니다. 어디서 뭘 해도 시큰둥하고 친구들과 어울려 놀고 싶어 하지도 않았지요. 지금 제일 하고 싶은 게 뭐냐고 물으니 하고 싶은 게 없답니다. 소망이 있다면 그저 이 여행이 빨리 끝나고, 집으로 돌아가 방에서 편하게 누워 쉬고 싶다더군요. 이제 몇 군데를 더 가야 하는지, 집에는 대체 언제 가는지만 자꾸 묻습니다. 아이가 이런 반응을 보이면 괜히 죄짓는 느낌이 듭니다. 내가 뭘 잘못해서 그런가 싶기도 하지요.

아이들이 무기력에 빠지는 이유

[#]3

        요즘 아이들이 무기력에 빠지는 이유는 무엇일까요? 아이들을 만나 이야기를 들어보면 정말 사소한 이유로 무기력해졌다는 아이들이 많습니다. 좋아하는 아이돌 그룹이 해체한다는 이유로 무기력해졌다는 아이도 있고, 부모님이 갖고 싶은 스마트폰을 사주지 않아 그렇게 되었다는 아이도 있지요. 또는 키우던 강아지가 죽었다든지 사귀던 아이와 헤어지게 돼서 무기력해졌다는 이야기도 하더군요. 저는 처음 이런 이야기를 아이들에게 들었을 때 조금 의심스러웠습니다. 정말 이런 사소한 이유로 무기력해진 걸까? 선생님 앞이니 그냥 하는 이야기가 아닐까? 하고 생각하기도 했지요.

   하지만 시간이 지나고 계속 비슷한 이야기를 듣게 되면서 알게 되었습니다. 아이들은 지난 시간 우리 어른들이 겪었던 시대와는 완전히 다른 시대를 살고 있다는 걸 말이죠. 그러니 우리가 어릴 적 겪었던 무기력의 이유와 지금 세대의 아이들이 겪고 있는 무기력의 이유는 다를 수밖에 없습니다. 사소한 것처럼 보이는 그 이유들이 아이들에게는 생각보다 큰 좌절감을 안겨주고, 무기력해지게 만든다는 거죠. 결국 아이들을 이해한다는 건 아이들의 관점에서 무기력의 이유와 좌절의 무게를 느껴보는 겁니다.

학습된 무기력과 부모의 도움

#4

　　그럼 그 사소하면서도 사소하지 않은 이유들이 해결
되면 아이들 모두 무기력에서 해방되는 걸까요? 무기력의 원
인에 대해 이야기하는 책에서 거의 빠지지 않고 등장하는 내용
이 '학습된 무기력'입니다. 미국 펜실베이니아 대학의 마틴 셀
리그먼 교수는 1975년에 학습된 무기력에 관한 연구를 시작했
는데요. '셀리그먼의 개'로 잘 알려진 이 실험은 개를 세 집단으
로 나눠 각기 다른 상황에서 전기충격을 가한 실험입니다.

　첫 번째 집단은 전기충격을 받지만 코로 스위치를 누르면 멈
출 수 있게 했고, 두 번째 집단은 똑같은 전기충격을 받지만 스
스로 멈출 수 없게 했습니다. 세 번째 집단은 전기충격을 주지
않았습니다. 다음 날 세 집단의 개들을 실험 상자에 넣고, 칸막
이를 뛰어넘으면 전기충격을 피할 수 있도록 했는데요. 첫 번
째 집단과 세 번째 집단의 개들은 칸막이를 뛰어넘어 스스로
전기충격을 피했지만, 두 번째 집단의 개들은 잠시 움직이다가
피하길 포기하고 전기충격을 그대로 받았다고 합니다. 피할 수
없는 전기충격을 여러 번 경험한 두 번째 집단의 개들은 무기
력을 학습해 피할 수 있는 상황이 되어도 피하려 하지 않았던
거죠. 이를 '학습된 무기력'이라고 합니다.

　그런데 이 실험에서 두 번째 집단의 개 가운데 무기력을 이

거내는 개들이 있었습니다. 계속된 좌절을 경험했지만 실험자가 개들을 안아 안전한 곳으로 데려다 놓기를 반복하니 무기력을 이겨낼 수 있었죠. 누군가의 도움으로 긍정적인 상황을 반복해서 경험하면 무기력에서 벗어날 수 있는 겁니다. 긍정적인 상황을 반복해서 경험하는 것. 이것이 곧 무기력을 극복하는 열쇠입니다.

그럼, 구체적으로 어떻게 해야 할까요? 아이가 긍정적인 상황을 경험하려면 부모의 도움이 필요합니다. 부모가 아이에게 어떤 기회를 주고, 어떻게 반응하느냐에 따라 많은 게 달라지거든요. 일상에서도 이런 도움이 필요하지만, 여행을 하다 보면 자연스레 계기가 마련되는데요. 여행을 준비하는 과정, 여행하면서 겪는 다양한 상황들이 모두 황금 같은 기회입니다. 이 기회를 잘 활용하고, 반복해서 경험할 수 있게 도와주면, 무기력을 의욕으로 바꿀 수 있습니다. 아이와 함께 여행하면서 다음 다섯 가지를 시도해보면 어떨까요?

무기력 극복의 열쇠 1 :
쉬운 역할로 작은 성공을 경험하게 해주자
#5
　　　　　첫째, 작은 성공을 경험하게 해주세요. 시작은 항상 쉽고 간단한 것에서 출발해야 합니다. 처음부터 어렵고 복잡한 일에 도전하면 좌절만 경험하고 포기하게 되거든요. 여행을 계획하면서 작은 일 하나를 일단 아이에게 맡겨보세요. 쉽게 해낼 수 있고, 간단하게 성과를 볼 수 있는 일이 좋습니다. 준비물 챙길 때 역할을 주거나, 물건을 하나 사 오게 하는 건 어려운 일이 아닙니다. 금방 성공을 경험할 수 있고, 보람을 느낄 수 있습니다. 쉬운 일을 다 해버렸다면? 어려운 일을 쉬운 일로 쪼개서 하나씩 해보는 겁니다.

여기서 주의할 점은 아이 입장에서 쉬운 일이어야 한다는 겁니다. 또한 그 일이 어떤 일인지 분명해야 합니다. 어른이 생각할 때 너무 쉬운 일이더라도, 아이는 어려워하는 경우가 많은데요. 일방적으로 '쉬운데 이걸 왜 못해?'라고 생각하면 이해가 안 되겠죠

또한 분명한 일을 분명하게 맡겨야 합니다. 가끔 부모는 아이에게 무슨 일인지도 모르면서, 추상적인 일을 맡기는 경우가 있습니다. 구체적인 절차를 생략한 채 그냥 아이에게 여행 계획을 세워보라고 한다거나, 무조건 스스로 해보라고 등 떠미는 때도 있죠. 정작 부모도 어떻게 해야 할지 잘 모를 때 그렇습니다. 모르면 같이 해보거나 공부하면 됩니다. 그런 다음 그 일을 분명하고 세부적인 일로 바꿔 이야기하는 게 좋습니다.

무기력 극복의 열쇠 2 :
'만약에'라는 가정법으로 상황을 상상해보자
#6

　　　　둘째, '만약에'라는 가정법을 활용해보세요. 가정하고 상상하는 것은 안전하게 무언가를 경험해보는 기회가 됩니다. 무기력은 두려움에서 시작되는 경우도 많은데요. 어떤 일에 대한 두려움을 갖고 있다면 우선 안전하게 경험할 수 있는 기회를 줄 필요가 있습니다. 예를 들어 여행지에서 표를 하나 사 오거나 길을 묻는 것도 '만약에'라는 가정법으로 미리 상상해보면 두려움과 시행착오를 줄일 수 있지요.

　　"만약에 저 사람에게 길을 물어보면 어떤 반응을 보일까? 친절하게 가르쳐준다면 잘 듣고 고맙다는 인사를 하면 되겠지? 대충 가르쳐준다면 조금 더 구체적으로 물어보면 될 거야. 무시하고 지나가면 바쁜 일이 있구나 하고 저기 다른 사람한테 물어보면 될 거고. 어때? 생각해보니까 별거 아니지?" 이렇게 상황에 따라 대처할 수 있는 방법을 생각해보면, 어떻게 될지 모른다는 불안감을 떨쳐버릴 수 있게 됩니다.

　　그리고 더 나아가 내가 앞으로 어떻게 살아야 할지 생각하도록 이끌 수 있습니다. 만약 내가 이대로 무기력하게 산다면 앞으로 어떻게 될까? 만약 내가 할아버지가 되었다면 지금의 나에게 어떤 이야기를 해주고 싶을까? 이런 간접경험을 여행지에서 해볼 수 있도록 기회를 만든다면 무기력한 자신의 모습에서 스스로 벗어나는 계기가 될 겁니다.

무기력 극복의 열쇠 3 : 아이가 주인공이 되는 기회를 주자
#7

셋째, 주인공이 되는 기회를 주세요. 무기력에 빠진 아이들은 대체로 자존감이 낮습니다. 자존감이 낮으면 자기 존재를 드러내기 싫어하는데요. 다른 사람들 틈에 숨거나 이름 없는 존재로 남아 있으려 합니다. 자기 자신을 쓸모없는 존재로 여기기 때문이죠. 자존감을 높이려면 내가 사랑받을 만한 존재임을 알게 해야 합니다. 뭔가 해낼 수 있는 능력이 있음을 스스로 깨달아야 하죠. 그렇게 되려면 기회가 주어져야 합니다. 많은 부모들이 아이가 능력 있는 존재가 되길 바라면서도 정작 능력을 펼칠 만한 기회는 주지 않습니다. 부모가 시키는 대로 따르길 바랄 뿐이죠. 학교에서도 시험을 잘 치거나, 특별한 재능을 발견한 아이에겐 관심을 쏟지만, 이외 대다수 아이들은 배경 취급을 받습니다. 기회가 없는 거죠.

여행을 떠날 때 아이가 주인공이 되도록 해보세요. 여행을 계획하고, 준비하고, 진행하는 모든 과정을 아이가 주도적으로 이끌어본다면 어떨까요? 물론 처음부터 이렇게 하긴 어렵습니다. 앞에서 말했듯이 처음엔 작은 일을 맡겨 성공을 경험하게 해주세요. 그다음 하나씩 일을 늘려나가는 거죠. 그러다 어느 정도 익숙해졌다 싶으면 아이에게 여행을 이끌 권한을 주세요. 잘 안 되면 어떻게 하냐고요? 당연히 잘 안 될 겁니다. 처음부터 잘되면 그게 더 이상한 일이죠. 결과가 중요한 게 아닙니다. 여행의 과정에서 아이가 어떤 노력을 했는지 알아주고, 북돋아주면 발전할 수 있습니다. 아이가 여행의 주인공이 될 수 있도록 도와주세요. 주인공이 되어 맡은 일을 멋지게 해낸다면, 분명 무기력을 의욕으로 바꿀 수 있을 겁니다.

무기력 극복의 열쇠 4 :
아이를 믿고, 아이를 격려하고, 아이를 응원하자!
#8

넷째, 격려하고 응원해주세요. 심리학자 알프레트 아들러는 "격려야말로 사람을 변화시키는 가장 좋은 방법이다"라는 말을 했습니다. 그는 칭찬보다는 용기를 부여해주는 격려를 강조하는데요. 칭찬은 보상에 의존하게 만들지만, 격려는 스스로 자립할 수 있게 용기를 부여해준다고 합니다. 아이와 함께 여행을 하다 보면 다양한 일을 겪게 되는데요. 그때마다 아이에게 어떤 분위기에서, 어떤 태도로 이야기하느냐에 따라 많은 게 달라집니다. 격려와 응원. 어떻게 해야 하는 걸까요?

우선 가장 먼저 아이를 믿어야 합니다. 아이를 향한 믿음 없이 격려와 응원을 한다는 건 말이 안 되죠. 믿음은 언제나 우리의 몸을 통과합니다. 마음속 깊이 아이를 믿고 있다면 굳이 어떤 말을 하지 않아도 아이는 느낄 수 있습니다. 의도하지 않아도 자연스레 아이를 격려하게 되고, 진심으로 응원하게 되거든요. 격려를 위한 몇 가지 방법, 응원을 위한 필수적 요령을 익혀 앵무새처럼 말할 수도 있겠지만 그건 잠시뿐입니다. 마음속 깊은 곳에 내 아이를 믿는다는 강한 심지가 박혀 있고, 그 심지에 불을 붙여야 마음의 온기가 제대로 전달됩니다.

아이를 믿기로 했다면 이제 칭찬과 격려를 구별할 줄 알아야 하는데요. 칭찬은 어떤 행동의 결과를 비교, 평가하고 보상해주는 일이지만 격려는 다릅니다. 비교하지 않습니다. 평가하지 않습니다. 결과는 중요한 게 아닙니다. 아이는 존재 자체로 이미 격려받아 마땅하니까요. 욕심을 내면 모든 게 불만스럽게 보이고 부족해 보입니다. 그 욕심을 버리고 열심히 하는 모습, 용기 내서 시작한 그 마음을 알아주고, 사진 찍듯 포착해 보여주는 게 격려와 응원입니다.

아이를 대하는 태도와 말투부터 바꿔보면 어떨까요? 아이의 얼굴을 똑바로 보고, 눈을 맞추는 게 먼저입니다. 짧은 순간이라도 진지하게 대할 때 아이는 자신의 존재감을 느낄 수 있기 때문이죠. 또한 아이의 생각을 인정하고 수용할 준비가 되어 있어야 합니다. 모든 걸 다 인정하고 수용할 순 없지만, 언제든 그럴 수 있다는 자세를 갖는 게 핵심이지요.

이임숙의《엄마의 말 공부》에는 엄마라면 꼭 알아야 할 '전문용어 5가지'가 나오는데요. 첫 번째가 '힘들었겠다', 두 번째가 '이유가 있을 거야. 그래서 그랬구나', 세 번째가 '좋은 뜻이 있었구나', 네 번째가 '훌륭하구나', 다섯 번째가 '어떻게 하면 좋을까?'입니다. 엄마뿐만 아니라 아이를 대하는 어른들에게 꼭 필요한 말들이라고 생각해요. 아이를 제대로 격려하고 인정하는 말들을 진심으로 전할 때 무기력 극복이라는 문은 천천히 그러나 확실히 열릴 거라 믿습니다.

성장을 기다리는 시간
#9

무기력은 아이들만의 문제가 아닙니다. 누구나 살면서 무기력을 경험하지요. 살면서 단 한 번도 무기력한 적이 없었던 사람이 있을까요? 중요한 것은 스스로 무기력에서 벗어날 줄 아느냐입니다. 무기력을 불치병처럼 여기고 그런 아이들을 한심하게 여기는 시선은 일탈을 부를 뿐이죠. 오히려 무기력을 경험하고 극복하는 과정 속에 성장이라는 단어가 숨어 있습니다. 어른들은 아이를 바꾸기보다 무기력이 반복되는 이 시스템을 바꾸기 위해 노력해야 합니다. 악순환이 일어나지 않도록 배경을 바꾸고, 할 수 있다는 분위기를 형성하는 게 우리의 일입니다. 무조건 지금 당장 아이들을 바꾸기 위해 조바심 내다간 모두의 감정만 상할 겁니다.

아이와의 시간이 너무 답답하다면 함께 여행해보세요. 여행하면서 아이가 겪고 있는 무기력의 시간을 이해해보세요. 이 시간은 번데기처럼 다시 태어나기 위해 몸을 감싸고 있는 순간입니다. 기다려주고 기회를 주고 격려와 응원으로 빗물처럼 속삭여보세요. 시간은 언젠가 무기력의 껍질을 벗고 의욕의 날개를 단 아이가 스스로 나비처럼 날아오르는 신비를 우리 앞에 보여줄 겁니다. 그 신비로운 시간을 아이와 함께 여행해보세요.

무기력을 제대로 알아야, 무기력을 넘어설 수 있다.

무기력에 대해 구체적으로 이야기하자면 아마 책 한 권을 다 채워도 모자랄 겁니다. 그만큼 무기력은 다루기 힘든 주제이며, 그 원인도 아주 다양합니다. 특히 아이들이 겪고 있는 무기력은 어른 세대가 겪고 있는 무기력과는 조금 다릅니다. 전혀 예상치 못했던 어려움으로 무기력해진 아이들을 저도 많이 만났고, 그 무기력은 또 다른 무기력을 계속 낳고 있지요. 아이들의 이런 무기력에 대해 좀 더 깊게 이해하고 싶은 분들은 김현수 선생님의 책《무기력의 비밀》과《요즘 아이들 마음고생의 비밀》이라는 책을 읽어보시길 권합니다. 아이들의 무기력에 대해 제대로 알아야, 그 무기력을 넘어설 수 있도록 도와줄 수도 있으니까요.

호기심에 대처하는 우리의 자세
8

**"궁금한 것이 많은 사람은 멍청하지 않다.
질문하지 않는 사람이야말로 남은 인생을
멍청하게 살아가는 것이다."**

─ 닐 타이슨 ─

아이와 박물관에 가면?!
#1

　　아이와 함께 여행을 떠나면 가끔 어떤 의무감이 들 때가 있습니다. 아이를 위해 뭐라도 가르쳐줘야 할 것 같은 의무감 말이죠. 그래야 부모 노릇을 다한 것 같은 기분이 들지요. 특히 박물관 같은 데 가면 있는 지식, 없는 지식 총동원해 한마디라도 해주고 싶습니다. 근데 그게 쉽지가 않아요. 나도 잘 모르는 박물관인데 아이에게 설명해주려니 진땀이 나기도 합니다. 인터넷에서 조사한 내용을 떠올리거나, 유물 옆에 설명되어 있는 글을 슬쩍 읽어봐도 역부족일 때가 많아요. 운이 좋아서 해설하시는 분을 만나 설명을 들으면 아이가 지루하다고 징징댑니다. 어느 순간 보면 아이는 사라지고, 어른들만 남아 고개를 끄덕이고 있죠.

이럴 때 우린 어떻게 해야 할까요? 아이들을 붙잡아 놓고 어떻게든 설명해줘야 할까요? 그게 아니면 아예 내버려 두고 무시해야 할까요? 둘 다 아닙니다. 그냥 아이와 함께 박물관을 즐기세요. 내가 박물관을 먼저 즐기기 시작하면, 아이도 박물관을 즐기게 됩니다. 사실 어른들도 박물관을 좋아하지 않는 사람이 많습니다. 어린 시절부터 박물관은 재미없고 고리타분한 곳이라는 경험을 계속 해왔으니까요. 어른부터 재미가 없는데 아이가 재미있을 리가 없습니다. 박물관을 돌아보다 나에게 인상 깊은 것들을 찾아 자세히 살펴보세요.

관찰을 해야 궁금한 게 생긴다!
#2

첫 시작은 관찰입니다. 혹시 프로그(Frog)라는 기업을 아시나요? 프로그는 애플, 아디다스, 디즈니 디자인의 원조이자 세계적인 디자인 컨설팅 회사입니다. 이 회사의 최고책임연구원인 얀 칩체이스의 책《관찰의 힘》에는 다양한 사례들이 나오는데요. 책을 출간한 출판사의 서평에 이런 내용이 나옵니다.

얀 칩체이스의 주요 업무는 사람들의 일상을 관찰하는 것이다. 출퇴근길의 풍경, 휴대전화를 받는 모습, 주머니나 가방에서 지갑을 꺼내는 일같이, 습관이 되어 더 이상 특별할 것이 없는 모습들을 그는 전 세계를 다니며 집요하게 관찰한다. 거기에 혁신의 단서가 있고, 그 관찰의 결과에 따라 글로벌 기업들의 사업 승패가 갈리기 때문이다. 이 책에서는 그가 여태껏 해온 '관찰'의 다양한 스펙트럼을 설명하고, '관찰'이야말로 재미있으면서도 성과가 확실한 연구 방법임을 지적한다.

무엇이든 자세히 관찰하다 보면 궁금증이 생기게 되고, 그 궁금증을 해결해나가는 과정에서 배움이 얻어집니다. 그러니 일단 관찰부터 하고 볼 일이죠. 내가 알고 싶은 것, 내가 궁금한 것을 관찰해보세요. 그렇게 궁금증을 가지고 돌아보다가, 이번엔 아이를 한번 관찰해보세요. 내 아이는 무엇을 관찰하고 있고 어떤 것에 흥미를 두고 있나요?

아이는 박물관을 순서대로 보지 않습니다. 그냥 두면 끌리는 대로 가서 보게 되고, 신기한 게 있으면 조금 오래 보게 됩니다. 그렇게 자세히 들여다보다가 궁금증이 생기면 그때 비로소 물어볼 겁니다. "저건 뭐예요?"라고요. 지금 이 순간이 배움의 시작입니다. 아이가 꼬마 연구가가 되는 순간이고요. 이 순간이 가장 중요한 전환점입니다. 아이가 알고 싶을 때, 호기심을 갖고 물어볼 때, 어떤 반응을 해주느냐가 핵심인 거죠. 물론 아이가 좀 자라서 더 많은 것을 알고 싶어 하고, 체계적인 설명을 원한다면 그때는 누군가의 도움이 필요할 겁니다.

초급 여행의 기술 1 : 호기심에 대처하는 두 가지 방법
#3
　　　핵심부터 말해보겠습니다. 지식을 전해주는 것보다 더 좋은 것. 그건 바로 아이와 함께 연구하는 것입니다. 로봇공학자로 유명한 데니스홍 UCLA 교수에게는 아들이 하나 있는데요, 아들이 아빠에게 와서 물었습니다.

"아빠, 냉장고에 불이 켜져 있는데 어떻게 해야 돼?"

뭐라고 대답했을까요? 대답 대신 데니스홍 교수는 아들과 함께 실험을 했습니다. 휴대폰을 꺼내 동영상 촬영 버튼을 누르고, 냉장고 안에 넣은 거죠. 그런 다음 어떻게 했을까요? 그렇죠. 같이 그 영상을 보며 냉장고 안에서 무슨 일이 있었는지 알아본 거죠. 당연히 불이 꺼졌겠죠? 이건 왜 그럴까? 저건 왜 그렇지? 요건 어떻게 해서 이렇게 되었을까? 저건 또 어쩌다 저렇게 됐어? 하고 궁금증을 가지고 같이 고민해볼 필요가 있는 겁니다. 아이가 뭔가를 물어봤을 때 어떻게 해야 할까요? 그 순

간 답을 해주기보다 다음 두 가지를 떠올려 보세요. 아주 간단하지만 매우 중요한 전환점이 됩니다.

❶ 아이 질문에 역으로 질문하기
❷ 아이와 함께 알아보기

질문은 어떤 식으로든 상대방을 생각하게 만들죠? 아이가 뭔가를 물어봤을 때 답을 자꾸 해주면 나중에는 결국 답만 찾게 됩니다. 답만 나오면 끝이니까 더 이상 생각도 안 하게 되고, 자꾸 그것만 요구하는 거죠. 하지만 아이가 물어봤을 때 역으로 질문을 하면 아이는 그 질문에 대해 생각해보게 됩니다. 그 과정에서 자연스레 새로운 호기심이 생기는 거고요. 처음 생긴 호기심이 다른 새로운 호기심으로 전환되도록 이끌어주는 게 좋습니다. 아는 게 있다고 너무 뽐내지 마세요. 어차피 지식은 검색만 하면 다 나오는 시대거든요.

만약 모르는 거라면 같이 한번 알아보자는 자세가 필요해요. 오히려 모르는 게 더 나을 수도 있습니다. 왜냐하면 같이 알아보는 과정에서 아이는 더 많은 걸 배울 수 있거든요. 그런데 이게 처음엔 어려울 수 있습니다. 과정을 함께한다는 게 쉽지 않은 일이거든요. 하지만 궁금한 게 있을 땐 어떻게 해야 하고, 어떤 과정을 거쳐야 되는지 알게 되면 그때부턴 쉽습니다. 어른이 설명해주거나, 도와주지 않아도 알아서 궁금한 걸 해결해나가거든요. 그럼 그때부터 박물관은 신기한 것들이 많은 곳, 연구할 거리가 널려 있는 재미있는 곳이 됩니다.

초급 여행의 기술 2 : 만약 아이가 호기심도, 관심도 없다면? #4

만약 아이가 호기심도 없고 연구 따위엔 관심도 없다면? 박물관 입구로 달려 들어가서 출구로 바로 나오는 아이라면? 좀 기다려줘야 합니다. 바물긴을 처음 가본 아이가 그런 경우는 거의 없습니다. 처음엔 대부분 호기심을 갖고 관찰하거든요. 그런데 여러 차례 박물관에 들르면서 억지로 설명을 듣거나 재미없는 경험을 수차례 하면 저절로 그렇게 됩니다. 이땐 박물관에 대한 흥미를 회복할 때까지 기다려줘야 합니다. 자유롭게 박물관을 돌아보되 예의를 지키도록 이끌어주세요. 만약 그 거부감이 너무 심해서 들어가는 것조차 어렵다면 그냥 밖에서 노는 게 더 낫습니다. 놀다가 지쳐 물이라도 마시러 박물관에 들어가면 좋은 거고요. 그러다 뭐라도 하나 보고 나오면 더 좋은 거죠.

이건 박물관이 아니라 어떤 여행지에서든 마찬가지입니다. 어른들 입장에서 만족할 만한 그림을 만들기 위해 억지로 아이와 프로그램을 진행하다 흥미를 잃어버리는 경우가 많습니다.

여행은 함께 가는 이들을 배려해야 즐거워집니다. 아이의 입장은 무시하고 어른 생각에 도움이 될 거라 여기는 일에만 집착하면 다 같이 힘들어질 수밖에 없어요.

　사실 저도 아이들과 여행을 다니기 시작하면서 많은 시행착오를 겪었습니다. 아이들에게 조금이라도 도움이 되어야겠다는 마음에 온갖 시도를 다 해봤지만 그때마다 좌절을 경험했죠. 그러다 결국 알게 된 것은 아이들 입장에서 생각하고 고민해야 답이 나온다는 겁니다. 내가 만약 아이라면 어떨까? 여기서부터 출발하니 어려웠던 문제도 쉽게 해결되는 경우가 많았습니다.

진정 아이들에게 필요한 것
#5
　　　그럼, 아이들 입장에서 생각하고 다 맞춰주기만 하라는 이야기일까요? 그건 아닙니다. 아이의 입장을 고려해야 한다는 말이지 무조건 다 들어주라는 이야기는 아니거든요. 어른들의 생각을 조금만 바꾸면 좋을 것 같습니다. 박물관을 지식을 얻으러 가는 곳이 아니라 아이와 함께 신기한 걸 살펴보고 연구해보는 곳이라 생각하면 어떨까요?

　아는 게 있다면 아이가 이해하기 쉽도록 이야기해주고요. 잘 모른다면 같이 한번 알아보는 거죠. 안내판도 같이 읽어보고 이건 뭘까? 저건 뭘까? 고민도 함께 하다 보면 이게 재미있는 놀이처럼 될 수도 있거든요. 아는 건 퀴즈로도 내보고, 모르는 건 미션으로 수행하면서 아이와 함께 박물관을 즐겨보세요. 생각보다 박물관이 재미있는 곳이라는 걸 조금이라도 느끼게 되면 성공입니다.

결국 교육의 목표는 연구하는 방법과 태도를 알려주는 데 있습니다. 지식을 전해주고 그 지식을 확인하는 작업이 교육이라고 생각하는 건 낡은 생각입니다. 시험에 익숙한 우리 세대의 착각인 거죠. 미래를 살아갈 아이들에게 필요한 건 뭘까요? 어쩌면, 알고 싶다는 그 대견한 마음 하나면 충분한 게 아닐까요?

봉쌤의 Tip

박물관 입구에서부터 호기심 돋우는 법

사실 어떤 부모님이 아이의 호기심을 키우고 싶지 않겠습니까? 호기심을 키운다는 게 말은 쉽지만 행동으로 옮기는 건 어렵죠. 특히 박물관처럼 딱딱하게 느껴지는 곳에선 더 그럴 겁니다. 하지만 어렵게 생각하면 점점 더 어려워질 뿐입니다. 그냥 '이렇게 한 번 해볼까?' 하는 작은 시도가 때로는 큰 도움이 되기도 하는데요. 박물관 입구에서 한 가지 아이템만 획득하면 됩니다. 그게 뭘까요? 바로 박물관 팸플릿입니다. 대부분의 박물관이 그 박물관의 특색과 관람요령을 집약해 무료 팸플릿을 만들어두는데요. 이걸 그냥 지나치거나 대충 보고는 버리는 경우가 정말 많습니다. 박물관에 들어가기 전에 일단 팸플릿을 펼쳐서 아이와 함께 쭉 훑어보세요. 그런 다음 '박물관에 들어가면 뭐가 있을까?' 하고 질문해보는 거죠. 그럼 잠시 봤던 내용을 갖고 뭐라고 이야기하겠죠? 그럼 그 이야기를 바탕으로 이런저런 상상을 해보는 겁니다. 잠깐이나마 상상해본 다음 이 박물관에서 가장 중요한 유물은 무엇인지, 어떻게 돌아보면 좋을지 팸플릿을 보면서 함께 의논해보세요. 아마 성공한다면 호기심이 가득가득 충전될 겁니다.

아이 여행, 제대로 도와주자
9

"교육은 그대의 머릿속에 씨앗을 심어주는 것이 아니라
그대의 씨앗들이 자라나게 해주는 것이다."

― 칼릴 지브란 ―

혼자서도 잘한다는 말
#1

　　어린아이와 여행을 하다 보면 많은 일들을 겪습니다. 대소변을 못 가리는 원초적인 경우부터 시작해서 안전띠를 매거나 밥을 먹거나 음료수 하나 마실 때도 신경 써줘야 할 일이 참 많죠. 어떻게 보면 상전이 따로 없습니다. 아이를 데리고 다니는 게 아니라 아이를 모시고 다닌다는 표현이 와 닿을 때도 있지요.

　　부모는 갓난아기 때부터 아이를 보살피다 보니 아이가 어느 정도 자라도 대신 해주는 게 익숙합니다. 그런데 다른 집 아이들을 보면 혼자서도 척척 잘해내요. 신기합니다. 우리 아이만 이상하게 아기처럼 굴지요. 독하게 마음먹고 지금부터 스스로 해야 한다고 강하게 이야기해보지만 그럴수록 아이는 자꾸 떼만 씁니다. 이러다 언제 클지 앞이 깜깜해요.

사실 어른들 입장에선 '아이가 혼자서도 잘한다. 스스로 한다'라는 말이 참 좋게 들립니다. 혼자서 잘해내야 이제 좀 컸구나 싶고 철이 들었다는 생각도 하게 되지요. 하지만 아이 입장에선 '혼자서 해야 한다. 그것도 잘해야 하고 스스로 해야 한다'는 말은 무서운 말입니다.

지금껏 부모가 해준 것들을 갑자기 내가 해야 한다니 이유도 모르겠고 그러고 싶지도 않죠. 부모가 자꾸 그렇게 나오면 서운하게 느껴지기도 합니다. 이런 상태에서 혼자 해야 한다고 밀어붙이면 겁을 먹거나, 짜증 낼 확률이 높습니다.

아이에게 무언가를 가르치려면
#2

그럼, 어떻게 해야 하는 걸까요? 부모교육 전문가인 비키 호플의 책 《부모의 5가지 덫》에는 이런 내용이 나옵니다.

아이에게 무언가를 가르치려면 다음 사항을 염두에 둬야 한다.

◆ 천천히 그리고 꾸준히 하라.
◆ 아이에게 연습하고 발전할 수 있는 시간을 주어라.
◆ 아이가 능숙해지기 전까지는 한두 가지 일만 집중적으로
　 가르쳐라.

　시간을 들여 단계별로 시도해보세요. 예를 들어 여행 도중 아이의 신발 끈이 풀렸어요. 아이가 신발 끈을 묶어달라고 합니다. 이럴 땐 우선 시범을 보입니다. 아이가 보는 앞에서 신발 끈 묶는 방법을 알려주며 시범을 보이는 거죠. 그다음 혼자 할 수 있도록 기회를 줘보세요. 분명히 처음엔 잘 안 됩니다. 신발 끈 묶는 게 생각보다 어렵거든요.

　그러니 같이 해보는 과정이 필요합니다. 복잡한 걸 쉽게 하는 방법은 과정을 잘게 쪼개는 겁니다. 끈을 잡는다. 교차한다. 당긴다. 매듭을 만든다. 이렇게 쪼개서 하나씩 해보세요. 어려운 부분은 도와주고, 쉬운 부분은 아이에게 맡기면서 같이 하다 보면 약간의 진전이 있을 겁니다.

초급 여행의 기술 1 : 아이에게 도움을 주는 단계

#3

　　이때 중요한 건 마음을 편하게 가지는 건데요. 아이가 단번에 신발 끈 묶는 걸 배울 수 있다고 생각하지 마세요. 거의 대부분의 경우 여러 차례 반복해야 가능하니까요. 대신 이번에 이만큼 해냈으니 다음엔 이번보다 한 단계 더 해보자며 격려해줄 필요가 있습니다. 한 번이라도 성공하고 나면 그다음부턴 혼자 할 수 있도록 계속 기회를 주는 편이 좋습니다.

이 단계에서 필요한 것은 '지켜봐 주기'와 '격려'입니다. 옆에서 지켜봐 주면 아이는 안심하고 도전할 수 있습니다. 격려로 아이를 북돋아 주면 해낼 수 있다는 자신감과 스스로에 대한 자존감도 키울 수 있죠. 이 과정을 요약하면 다음과 같은 단계로 진행됩니다.

시범 보이기 → 기회 주기 → 같이 해보기 → 기회 주기 → 지켜보기, 격려하기

이 단계에서 특별히 반복되는 게 있죠? 바로 '기회 주기'입니다. 여행을 하다 보면 아이에게 도움이 필요한 순간이 많이 생깁니다. 아직 세상살이에 서툰 아이들은 당연히 시행착오를 겪

을 수밖에 없거든요. 아이를 사랑하는 부모 입장에선 이런 시행착오가 반가울 리 없습니다. 되도록 실패하지 않도록, 또는 그런 경험을 하지 않도록 원천 봉쇄해버리는 경우도 많아요. 도와주는 게 아니라 아예 대신 해주다 보면 당장 마음은 편합니다.

하지만 이게 정말 아이를 위한 일인가요? 아이는 도전의 기회를 뺏긴 겁니다. 새로운 일에 도전하고, 성공과 실패를 경험하면서 배울 수 있는 것들을 배우지 못하는 거죠. 아이 대신 해주면서 좋은 건 결국 부모 마음이 편해신다는 것밖에 없습니다. 기회를 주세요. 도와준다는 건 마침내 스스로 할 수 있도록 이끌어주는 겁니다.

초급 여행의 기술 2 : 도움을 시각화하는 헬프미 카드!
#4
　　　　아이들이 스스로 무언가를 할 수 있도록 이끌어주려면 어떻게 해야 할까요? 저도 참 많이 고민했었는데요. 제가 나름대로 찾은 방법은 '헬프미 카드'입니다.

아이들이 초등학교에 들어가고 이제 스스로 해야 할 일들이 늘어날 때 가족들끼리 헬프미 카드를 이용해보세요. 카드라고 해서 뭐 특별한 건 아닙니다. 집에 있는 두꺼운 종이를 신용카드 크기로 잘라서 여러 장을 만듭니다. 카드에 헬프미 카드라고 적고 코팅까지 하면 더 좋죠.

가족 1인당 열 장쯤 만들어 나누어 가지면 적당한데요. 누군가의 도움이 필요할 때마다 이 헬프미 카드를 사용하면 됩니다. 여기서 중요한 건 헬프미 카드를 모아야 한다는 겁니다. 누군가를 도와주고 헬프미 카드를 얻거나, 내가 헬프미 카드를 쓰지 않으면 많이 모을 수 있겠죠? 그렇게 한 달을 보내고 결산을 해서 가장 많이 모은 '용사'에게 보상을 줍니다. 한 달을 기다려서 얻어야 하니 꽤 뿌듯한 보상이어야 할 겁니다. 물질적인 보상도 좋지만 '칭찬 샤워'처럼 좋은 말을 해주고, 격려해주는 의식도 함께 하는 게 좋지요.

이렇게 하면 아이들이 도움을 요청할 때 신중해질 수밖에 없습니다. 게다가 다른 가족을 도와야 헬프미 카드를 얻을 수 있으니, 그럴 만한 거리를 찾아다니게 되는데요. 그러면서 자연스럽게 자기 스스로 해내는 법을 익히게 됩니다. 저는 아이들과 여행할 때 이 방법을 써서 꽤 큰 효과를 봤습니다. 아이들이 서로 나서서 도와주려고 하고, 어떤 일이든 자기 스스로 하려고 애썼거든요. 도움을 시각화해 주는 헬프미 카드, 이번 가족여행 때 한번 시도해보시면 어떨까요?

아이는 자기발견으로 성장한다

#5

　　　　저와 함께 여행을 다니는 아이들은 초등학생부터 중학생까지 다양합니다. 그 가운데 상대적으로 나이가 어린 아이들을 만나면 즐겁습니다. 어린 아이들은 선생님에게 관심이 많거든요. 좌충우돌, 이런저런 일들이 많이 일어나지만 또 그만큼 사랑스럽기도 하죠. 아이들은 그 사랑스러움을 무기로 여러 가지 요구를 합니다. 어떤 아이는 쓰레기를 버려달라고 하고요. 또 어떤 아이는 음료수 뚜껑을 열어달라고 합니다. 자기 물건을 들어달라고 하는 아이두 있죠.

　귀여운 목소리로 그럴 때마다 저절로 모든 걸 다 해주고 싶습니다. 해주는 것보다 안 해주는 게 더 힘든 상황도 많죠. 하지만 냉정하게 생각해보면 대부분 아이들 스스로 할 수 있는 일입니다. 그런데도 습관처럼 자기도 모르게 해달라고 하는 아이도 있고, 이건 못하는 거라고 지레 포기하는 경우도 있어요.

　아이들은 자기가 어떤 일을 할 수 있는지 잘 모르는 경우가 많습니다. 분명히 스스로 할 수 있는 일인데도, 해달라고 조르는 아이들이 많은 건 그 때문이죠. 그렇다고 무조건 냉정하게 거절하라는 건 아닙니다. 할 수 있는 일임을 알지만 도와주고, 스스로 할 수 있을 거라는 힌트를 보여주며, 아이를 일깨우는 과정이 필요해요. 아이가 끊임없이 자신의 능력을 확인할 수 있도록 격려해줘야 스스로를 발견하게 됩니다. 이와 같은 '자기 발견'이 가능해야 마침내 성장할 수 있습니다.

아이에게 도움이 필요한 순간
#6

아이와의 여행을 단순히 추억 쌓는 여가 활동이라 여긴다면, 이렇게까지 애쓸 필요는 없습니다. 그저 즐겁게 다녀온다면 성공이죠. 하지만 아이에게 여행은 분명 성장을 위한 좋은 계기가 될 수 있습니다. 부모에게 여행은 교육을 위한 자연스러운 기회가 될 수 있죠. 특별한 무언가로 또는 누군가 대신 아이를 교육해주길 바라지 마세요. 아이 교육은 생활 속에서 부모 스스로 이끌어가야 할 몫입니다. 반려동물이나 식물을 키울 때도 어떻게 키울지 고민하고 연구하는데, 하물며 아이를 키우는 입장이니 어떻게 아이의 성장을 돕고 교육할 수 있을지 부지런히 고민해야 할 겁니다.

아이와의 여행은 교육을 위한 좋은 방법이 될 수 있습니다. 여행하며 만나는 순간순간들이 곧 교육의 계기가 되는데요. 아이에게 도움이 필요한 순간, 우린 '기회 주기'와 '자기발견' 이 두 가지를 떠올려야 합니다. 도움의 다음 단계는 기회 주기임을 알아야 하고, 몇 번의 시도 끝에 닿아야 할 목표가 결국 자기발견임을 잊어선 안 됩니다. 어쩌면 이건 아이뿐만 아니라 우리 모두에게 필요한 것일지도 모릅니다. 스스로에게 기회를 주고, 부딪치고, 확인하면서 우린 성장합니다.

저는 그렇게 믿습니다.

봉쌤의 Tip

돕는다는 말을 사전에서 찾아보면 '하는 일이 잘되도록 거들거나 힘을 보태다'는 의미입니다. 우린 이걸 잘 알고 있지만 아이들을 대할 때면 자꾸 마음이 약해집니다. 거들거나 보태는 게 아니라 아예 해줘버려야 어른 노릇을 한 것 같은 착각마저 듭니다. 하지만 어른이기 때문에 지혜롭게 도와줘야 합니다. 아이도 자라면 자랄수록 해주는 사람보다 도와주는 사람을 더 신뢰합니다.

그런데 똑같은 도움을 줘도 전혀 다른 결과를 얻는 경우가 있습니다. 왜 그럴까요? 그건 바로 '적절한 때'에 도움을 주었기 때문입니다. 언제 도움을 주느냐는 매우 중요합니다. 아이의 나이에 따라 다르지만, 도와달라고 말할 수 있다면 도움을 요청했을 때가 제일 좋다고 생각합니다. 요청하지도 않았는데 도와주면 다 해주는 것과 비슷하고요, 도움을 요청했는데도 도와주지 않으면 무기력에 빠집니다. 아이도 알아야 합니다. 힘들 땐 도움을 요청해야 한다는 걸 알아야 하고, 그렇게 요청했을 때 도와주는 사람이 있다는 것도 알아야 합니다. 이 작은 교육이 우리 아이의 인생을 바꿀지도 모릅니다.

아이를 믿으면 보이는 풍경
10

"어떤 것들은 믿어야 볼 수 있다."

― 랠프 호지슨―

아이들의 놀라운 능력
#1

아이들과 처음 여행을 시작했을 때가 생각납니다. 처음이니 당연히 아이들도 저를 모르고, 저도 아이들을 모릅니다. 서로 잘 모르지만 어떻게 하다 보니 금방 친해졌습니다. 친해지고부터는 슬슬 불안감이 밀려오네요. 아이들 행동 하나하나가 불안하고 걱정스럽습니다. 저러다 혹시 다치면 어떻게 하지? 싸우면 어쩌지? 저걸 할 수 있을까? 애들한테 이건 너무 힘들지 않나? 이런 생각들이 막 떠오르네요.

결국 아이들 뒤를 졸졸 따라다니면서 이것도 해주고, 저것도 해줍니다. 아이들 여럿을 데리고 다니면서 다 해주려니 결국 녹초가 되어버렸죠. 몸도 마음도 지쳐서 나중엔 아이들하고 여행 같은 건 하지 말자는 생각까지 들었어요.

그런데 한 아이가 지쳐 있는 저에게 캔커피 하나를 선물이라면서 주더라고요. 휴게소에서 샀다면서요. 고맙다는 말을 하고 캔커피를 마시는데 문득 이건 어떻게 사 왔을까 싶었어요. 그 이후로 아이들의 행동을 열심히 관찰하기 시작했는데요. 해주던 걸 관두고 일단 지켜보기로 했죠. 안전띠 매는 사소한 것부터 시작해 물건을 사거나 어딘가로 찾아가는 것, 다툼이 일어난 후 자기들끼리 화해하는 것까지. 관찰 결과, 제가 아이들의 능력을 너무 과소평가했다는 걸 알게 됐습니다.

아이들은 어른들의 생각보다 훨씬 많은 걸 할 수 있습니다. '이건 도저히 못할 것이다'라고 생각했던 것조차 해내버리는 아이도 있어요. 아이들과 점심을 먹으러 대형마트에 갔을 때였습니다. 점심 먹고 자유시간을 잠시 가졌는데요. 돈 내고 타는 4D 입체영상 앞에 아이들이 줄을 섰죠. 근데 한 아이는 이미 돈을 다 써버렸답니다. 어떻게 하나 지켜봤더니 입체영상을 관리하는 주인분과 협상을 시도하더라고요. 자기가 4D 안경을 손님들에게 나눠줄 테니까 한 번만 태워달래요. 주인분이 한참을 웃으시더니 오케이하셨죠.

아이를 믿는다는 것, 어렵지만 뿌듯한 일

　　　　물론 아이들마다 이런 능력의 차이는 큽니다. 각자 다른 환경에서 자라고 있으니까요. 어떤 아이는 협상은커녕 돈도 제대로 못 내서 당황하기도 하거든요. 이렇게 차이가 생기는 이유는 정서적으로 지지받은 정도가 다르기 때문입니다. 아이를 믿고 옆에서 기다려주면 결국 능력을 발휘합니다. 하지만 아이를 믿지 못해 이것저것 다 해주다 보면 아무것도 할 줄 모르는 아이가 되지요.

　그런데 기다려주고 지켜보라고 하면 오해하시는 분도 계세요. 지켜보라는 게 완전히 내버려 두라는 이야기는 아닙니다. 뭘 하든지 신경 쓰지 않겠다는 자세로 무시하면 방치하는 게 되거든요. 이건 때로는 위험하기까지 합니다. 기다려주고 지켜본다는 건 아이를 주의 깊게 관찰하고 어떤 점이 부족한지 어디까지 할 수 있는지 정확하게 살피는 겁니다. 약간의 도움으로 아이가 스스로 해낼 수 있다면 처음엔 도와줄 수도 있습니다. 그러다 도움의 양을 조금씩 줄여나가면 결국은 스스로 할 수 있게 되겠죠.

　아이를 믿는다는 건 생각보다 어려운 일입니다. 하지만 믿고 끝까지 나아가면 아이의 새로운 능력을 발견할 수 있는 뿌듯한 일이죠. 아이들은 예민합니다. 지켜보는 어른이 불안한 얼굴을

하고 있으면 아이도 덩달아 불안해지거든요. 잘할 수 있는 것
도 실패하게 되고, 계속 그런 경험이 쌓이면 실패를 무서워하
게 되죠. 어른들의 표정부터 바꿔야 합니다. 밝고 긍정적인 태
도로 무한한 신뢰를 보여주면, 아이도 안심하고 도전할 수 있
습니다. 그러니 일단 믿기로 결심했다면, 적극적으로 지지해주
고 격려해주면서 응원해주세요.

믿음을 보여주는 시선과 표정
#3

　　　　로젠탈 효과라고 혹시 들어보셨나요? 심리학자인 로
버트 로젠탈은 레노어 제이콥슨이라는 초등학교 교장선생님
과 함께 한 가지 실험을 진행했습니다. 18개 학급의 초등학생
들을 대상으로 인지능력 평가를 실시했는데요. 그 결과를 토대
로 상위 20%의 학생을 뽑아 교사들에게 알려줬다고 합니다. 그
러니까 머리 좋은 아이들을 선발해 교사들에게 알려준 거죠.
그 후 1년 뒤에 다시 평가를 실시했는데 선발된 아이들의 인지
능력이 향상되었고, 성적도 올랐다고 합니다.

　그런데 사실 비밀이 하나 있었습니다. 교사들에게 알려준 그
상위 20% 아이들은 평가결과와 관계없이 무작위로 선발된 아
이들이었던 겁니다. 교사들의 인식이 아이들의 인지능력과 성
적에 영향을 준 것이죠. 우리가 어떻게 아이들을 바라보는가에

따라 아이들의 능력이 달라진다는 걸 알 수 있는 실험인데요. 믿음을 갖고 바라보며 지지해주는 건 성장하는 아이들에게 반드시 필요한 일입니다.

《사람을 움직이는 100가지 심리법칙》이라는 책을 보면 로젠탈의 흥미로운 실험이 하나 더 소개되어 있는데요. 이 실험에선 교사가 학생들을 평가하는 장면을 영상으로 녹화해 학생들에게 보여줬다고 합니다. 단, 소리는 나오지 않도록 해서 실제 교사가 뭐라고 하는지는 알지 못하게 했죠. 그런데 학생들 대부분이 영상만 보고두 금방 교사가 어떤 평가를 하는지 알아냈다고 합니다. 아이들은 어른들의 표정이나 분위기만 보고도 긍정적인 평가인지 부정적인 평가인지 안다는 거죠.

저도 아이들과 여행을 하면서 이걸 느꼈습니다. 제가 어떤 표정을 짓고 아이들을 대하느냐에 따라 아이들의 분위기도 달라진다는 걸 자주 직감했거든요. 그래서 아이들을 만나기 전에는 항상 밝은 표정을 준비하고, 긍정적인 마음가짐을 갖기 위해 노력했습니다. 그러고 나니 저도 즐겁고 아이들도 즐거운 분위기로 여행을 다녀오는 날이 늘어나기 시작했지요.

초급 여행의 기술 1 : 믿음을 표현하는 말, 행동, 마음가짐
#4

　　　　밝은 표정과 긍정적인 마음가짐. 여기에 하나 더. 아이에게 믿음을 표현하는 '말과 행동'을 시작해보세요. '나는 널 믿어'라는 말 한마디는 아이들의 눈빛을 달라지게 합니다. 믿는다는 걸 행동으로 보여주면, 아이의 행동도 달라지지요. 저는 이런 변화를 경험할 때마다 신기하고 놀랍습니다. 말 한마디, 행동 하나로 관계의 터닝 포인트가 만들어집니다.

　아이에게 믿음이 필요한 순간, 우린 어떻게 해야 할까요? 믿음을 표현하는 방식은 다양하지만 결론은 솔직해져야 한다는 겁니다. 말로만 널 믿는다고 외치는 게 아니라 솔직하게 마음을 드러내는 거죠. 솔직함은 나 자신을 들여다보는 일에서 시작됩니다. 나의 마음을 잘 알고 있어야 그걸 온전히 아이에게 전할 수 있거든요. 내 마음이 무엇인지 알지 못한 채로 시작하면 끝내 어려움을 겪습니다.

　다음으로 아이에게 믿음을 표현하는 일은 설명이 필요합니다. 내가 널 믿고 있다는 걸 전해야 하기 때문이죠. 그러다 보면 마음이 드러나게 되는데요. 아이니까 괜찮겠지 하고 생각한다면 오산입니다. 아이는 어른보다 더 진심에 민감해요. 어른의 마음가짐을 본능적으로 알아차립니다. 그러니 아이에게 믿음이 필요한 순간, 우린 자신의 마음을 들여다보는 시간을 가

져야 합니다. 그다음 솔직하게 말과 행동으로 표현하고, 사랑을 담아 다가서면 좋겠습니다.

초급 여행의 기술 2 : 믿음놀이와 편지 쓰기
#5
　　　　가족들끼리 믿음을 확인할 수 있는 방법은 어떤 게 있을까요? 생각해보면 여러 가지가 있겠지만 저는 믿음놀이와 편지 쓰기를 제안합니다. 만약 아이가 어리다면 믿음놀이가 적당하고요, 아이가 초등학생 이상쯤 되면 편지 쓰기가 좋다고 생각합니다. 여행지에서 아이와 함께할 게 없다면 이런 활동들을 시도해보세요.

우선 믿음놀이는 이름 그대로 믿어야 할 수 있는 놀이인데요. 많은 놀이들이 있지만 그중에서도 숨바꼭질, 믿고 넘어지기, 눈먼 자동차 같은 놀이들이 쉽게 즐기면서 서로의 믿음을 확인할 수 있는 놀이입니다.

숨바꼭질, 잘 아시죠? 누군가는 숨고, 누군가는 숨어 있는 사람을 찾아다니는 숨바꼭질은 아이들의 분리불안을 줄여주고 안정감과 신뢰감을 심어주는 놀이라고 하는데요. 눈에 보이진 않지만 같은 공간에 있다는 믿음, 숨어 있어도 언젠가는 자신을 찾을 거라는 믿음이 있기에 즐길 수 있는 놀이입니다.

믿고 넘어지기는 예능 프로그램에도 가끔 나오는 놀이인데요, 아주 단순합니다. 매트나 침대처럼 넘어져도 다치지 않을 만한 곳에서 하면 되는데요. 가만히 선 채로 눈을 감고 뒤로 넘어지면 기다리고 있던 가족들이 뒤에서 받쳐주는 겁니다. 내가 다치지 않게 뒷사람이 기다리고 있다는 믿음이 있어야 할 수 있는 놀이죠.

눈먼 자동차 놀이는 한 사람이 안대를 쓰고, 다른 사람이 뒤에서 안대 쓴 사람을 자동차처럼 조종하는 놀이입니다. 오른쪽 어깨를 건드리면 우회전, 왼쪽 어깨를 건드리면 좌회전, 목을 건드리면 직진, 양쪽 어깨를 동시에 누르면 정지, 이런 식으로 신호를 정해 진행합니다. 눈먼 자동차는 운전자를, 운전자는 자동차를 믿을 수밖에 없기 때문에 서로 의지해서 목적지까지 이동해야 하는 놀이입니다.

아이가 어릴 땐 이런 놀이들을 통해 서로의 믿음을 확인할 수 있지만, 아이가 크면 클수록 대화나 소통이 더 중요해집니다. 하지만 말로 하는 게 서툰 사람도 많습니다. 그런 사람들에게는 글이 더 좋은 수단이 될 수도 있는데요. 저는 아이들과 여행하면서 종종 편지 쓰기를 했습니다. 그렇다고 아주 거창하게 긴 편지를 쓴 건 아니고요. 그저 메모지에 간단하게 쓴 글을 가끔씩 주고받았습니다. 긴 글은 아이들도 싫어하거든요. 잔소리나 조언보다는 아이를 믿고 있음을 솔직하게 드러내는 글이 더 좋습니다. 형식을 다양하게 하는 것도 도움이 됩니다. 편지라고 너무 딱딱한 것보다는 그림이나 농담도 좀 섞고, 퀴즈도 넣어보세요. 경험담이나 노래, 시도 괜찮습니다. 하지만 무엇보다 중요한 건 결국 아이를 향한 진심이겠죠?

아이를 믿는다는 것의 의미
#6

아이와 여행하다 보면 다양한 상황을 경험하는데요. 같이 여행하더라도 가끔은 가지 해결해야 하는 일들이 생기곤 합니다. 예를 들어 바코드가 있는 입장권을 어딘가에 스캔하고 들어가야 한다고 칩시다. 오직 본인만 바코드 스캔을 할 수 있는 곳이라면 부모가 대신 해주기 힘들 겁니다. 이때 부모는 어떻게 해야 할까요? 딱히 정답이 있는 건 아니지만 대체로 아이가 먼저 들어가도록 하고, 부모는 뒤에서 지켜보며 방법을 알려줄 겁니다. 물론 잘 안 되면 답답하겠지만 그 순간이 아이의 능력을 키울 수 있는 기회가 됩니다.

만약 전혀 그런 기회도 없이 모든 걸 누가 대신 해주는 환경 속에서 자란다면 어떻게 될까요? 누군가의 도움 없이는 아무것도 할 수 없는 어른이 탄생할지도 모릅니다. 내 아이가 그런 어른으로 자라길 바라는 부모는 없을 겁니다. 믿고 기회를 주면서 기다려야 하죠.

그런데 그 과정에서 분명 시행착오를 겪게 됩니다. 처음 하는 사람은 누구나 서툽니다. 어른도 이떤 일이든 처음 하는 일은 쉽지 않습니다. 아이라면 당연히 그렇겠지요. 헌데 아이가 실패하는 걸 지켜보기 힘들어하는 부모들이 많습니다. 부모는 늘 아이를 자기 자신과 동일시하기 때문이지요. 아이의 실패가 곧 나의 실패가 되기 때문에 실패 없이 성공하길 바라게 됩니다. 그렇지만 실패 없이 성공하는 사람은 없습니다.

실패한 아이에게 무한한 믿음을 보여주세요. 아이가 어떤 말을 해도, 또 어떤 반응을 보여도 '내가 널 믿었는데 이럴 수 있니?'라는 말은 하지 마세요. 믿기로 했다면 그런 말은 필요 없습니다. 믿는다더니 그 믿음을 무기로 상처 줄 생각인가요? 그게 진심은 아닐 거라 믿습니다. 아이가 믿음을 저버렸다고 해도 끝까지 믿어주는 것. 결국, 마침내, 믿고 있음을 아이가 스스로 깨닫게 될 때 진짜 믿음이 완성됩니다.

가끔 내 아이는 아무래도 못 믿겠다는 분을 만납니다. 그게 쉬운 일이 아니라는 건 확실하지요. 보기만 해도 불안한데 믿는다는 게 꿈같이 들릴 때도 있습니다. 하지만 언젠가는 아이를 믿어야 합니다. 믿고 아이에게 맡겨야 할 때는 반드시 오거든요. 어떻게 보면 부모 자식 간에 믿지 못한다는 게 더 이상한 걸지도 모릅니다. 언젠가 믿어야 한다면 그때는 바로 지금입니다.

아이들을 믿는다는 건 어떤 의미일까요? 아이들이 믿을 만해서 믿는 게 아닙니다. 믿어야 그 믿음을 바탕으로 아이가 성장하고, 아이도 부모를 믿을 수 있게 됩니다. 아이를 믿는다는 건 가능성을 통해 사랑을 확인하는 일이고, 아이도 부모도 함께 성장하는 일입니다.

봉쌤의 Tip

진정한 의미의 긍정

아이를 긍정적으로 대해야 한다고 말하면 '아이를 어떻게 좋게만 볼 수 있나요?' 하고 되묻는 분도 계십니다. 긍정적으로 대해야 한다는 게 꼭 좋게 생각한다는 뜻만 있는 건 아닙니다. 세바시(세상을바꾸는시간)라는 프로그램에 나와 강연했던 채정호 긍정학교 교장은 이렇게 말합니다. "긍정은 좋게 생각한다는 뜻이 아니에요. 그냥 있는 그 존재 자체를 그대로 인정하고 수용한다는 뜻입니다. 좋지 않은데 좋다고 생각하는 건 왜곡이죠. 심지어 현재 상황이 나쁜데 좋다고 생각하는 건 왜곡을 지나서 망상입니다." 긍정은 믿음의 근거입니다. 진정한 의미의 긍정이란 무엇일까요? 막연히 잘될 거라고 희망하는 것이 아니라, 대상을 있는 그대로 인정하고, 받아들이는 것입니다. 아이에게 어떤 문제가 있지만 앞으로는 괜찮을 거라고 무조건 좋게 보는 게 긍정적인 것은 아닙니다. 아이에게 문제가 있다는 걸 그대로 인정하고 그 자체를 수용하는 것이 곧 진정한 의미의 긍정이며, 우리는 여기서부터 출발해야 합니다.

중급

부모에게
꼭 필요한
여행의 기술

아이와 여행할 때 꼭 필요한 놀이철학
11

"노는 방법을 아는 것은 행복한 재능이다."

— 랠프 월도 에머슨 —

놀이의 시작

#1

　　아이와 여행을 갔습니다. 여행지에 도착해 이제 뭘 해야 할까요? 당연한 이야기지만 뭘 꼭 해야 한다고 정해진 건 없습니다. 하고 싶은 걸 하면 되죠. 근데도 이상한 건 아이와 함께 여행 가면 뭘 꼭 해야 할 것 같은 느낌이 든다는 거죠. 아이와 열심히 놀든지, 그게 아니면 박물관 같은 데라도 가서 교육적인 무언가를 해야 할 것 같은 의무감이 들지요. 아이가 할 게 없어 심심해하면 죄책감마저 듭니다. 부모로서의 역할을 다하지 못했다는 불안감 때문일까요?

　만약 이런 불안감을 느끼신다면 마음 편하게 여행을 하셨으면 합니다. 여행마저 일처럼 여기며 너무 열심히 하려고 들면 부담스러운 일이 되거든요. 부담을 느끼면 결국 포기하게 되고요. 그럼, 아무것도 하지 말라는 이야기일까요? 그건 아닙니다. 우선은 마음을 편하게 갖자는 이야기지요. 여행이란 일상의 부담스러운 것들을 잠시 내려놓고 떠나는 즐거운 일 아닌가요? 그러니 우리 마음부터 편안하게 가져봅시다.

그런 다음 기다려보세요. 분명 아이들이 놀자며 달려올 겁니다. 어른들은 심심한 걸 즐기기도 하지만 아이들은 심심함을 용서치 않거든요. 그렇게 놀이가 필요한 순간을 맞이합니다. 나이가 어린 아이와 놀 때는 단순한 놀이로 시작하는 게 좋습니다. 뛰어다니면서 서로를 잡는 잡기 놀이나 숨바꼭질 같은 건 아주 좋은 놀이인데요. 특히 몸을 많이 움직이면서 할 수 있는 놀이를 해보세요. 아이들은 본능적으로 몸을 움직여 놀고 싶어 하거든요.

근육이 자라고 뇌가 발달한다는 실험적인 근거들을 굳이 이야기하지 않더라도, 아이들의 놀이 본능은 일상에서 관찰할 수 있습니다. 여기서 저기까지 얼마 되지 않는 거리도 뛰어다니는 아이들, 탐색하고 매달리고 숨고 뒹구는 아이들의 일상은 그 자체가 놀이입니다. 그러니 가장 자연스러운 놀이는 그런 놀이 본능을 마음껏 펼칠 수 있는 놀이가 되겠지요.

가상놀이에서 협동놀이로!
#2

       아이가 조금 더 크면 규칙을 정해 놀고 싶어 합니다. 의사와 환자, 경찰과 도둑, 이렇게 역할을 부여하거나 술래가 되면 벌칙을 수행하는 것 같은 규칙이 생기지요. 이런 규칙은 아이가 클수록 더 복잡해지고 더 정교해집니다. 고영성의《부모공부》에는 이런 내용이 나옵니다.

> 만 2세가 되는 전조작기 아이들은 '역할놀이'와 '상상놀이' 등의 가상놀이를 시작한다. 다른 아빠들도 그랬겠지만, 나는 딸아이의 환자 노릇을 많이 했다. 아이의 진단에 따라 나는 온몸에 안 아픈 곳이 없었고 수없이 죽다 살아났다. 이처럼 아이들은 가상놀이를 통해 지식과 경험을 구체화할 뿐만 아니라 지켜야 할 규칙을 배우며, 다른 사람의 마음을 이해하는 공감적 정서의 밑바탕이 만들어진다.
> 만 7세가 넘어가는 구체적 조작기의 아이들은 본격적으로 '협동놀이'를 시작한다. 이 과정에서 다른 친구들과의 분쟁 조절 혹은 협력을 통해 사회성을 발전시키게 된다. 놀이의 복잡도는 아이들이 나이를 먹어감에 따라 높아지게 된다.

       '역할놀이', '상상놀이', '협동놀이', 이렇게 거창하게 이야기했지만 사실 별것 아닙니다. 어릴 적 했던 소꿉놀이가 역할놀이, 상상놀이고요, 또래 친구들과 어울려 노는 게 협동놀이죠. 무슨 특별한 놀이가 아니라 크면서 누구나 해본 놀이들입니다. 그런데 우리가 별것 아닌 것으로 생각했던 유치한 놀이들이 사실은 규칙을 배우고, 다른 사람을 이해하고, 사회성을 익히는 데 결정적인 역할을 했던 겁니다. 아이들 교육에 큰 영향을 미쳤던 미국의 방송인 프레드 로저스는 이렇게 말했습니다.

"놀이는 어린이들에게 그들이 배우고 있는 것을 연습할 수 있는 기회를 준다."

아무래도 놀이에 대한 우리의 생각을 조금 바꿔야겠죠?

중급 여행의 기술 1 : 놀아주지 말고 같이 놀자!
#3
　　　놀이 방법은 수많은 놀이책에 자세히 나와 있습니다. 사실 무엇을 하면서 어떻게 놀지는 두 번째 문제입니다. 우리에게 가장 필요한 건 놀이에 대한 생각, 즉 놀이철학입니다. 아이와 놀 때 부모가 어떤 놀이철학을 갖고 있느냐는 아주 중요합니다. 많은 부모들이 아이와 노는 시간을 좋은 부모가 되기 위해 봉사하는 시간으로 여긴다는 건 슬픈 일입니다. 남편과 아내가 교대로 희생하는 어쩔 수 없는 시간이라는 생각. 이게 우릴 힘들게 합니다.

조금 적극적으로 시작해봅시다. 놀아주는 게 아니라 놀아봅시다. 어른인 부모에게도 놀이 본능은 분명 있으니까요. 저도 가끔 경험하는데요. 아이들과 놀면서 어느 순간 나 자신이 아이가 되었다는 느낌이 들 때가 있습니다. 어른이 아니라 지금 이 놀이의 일원이 되어 즐긴다는 느낌 말이죠. 나도 모르게 놀이를 즐기고, 나도 모르게 신지하게 빠져드는 순간입니다.

물론 그런 순간이 오래가지는 않습니다. 실컷 놀다 보면 아이보다 어른이 먼저 지쳐서 나가떨어집니다. 하지만 마지못해 억지로 놀아주는 것과 내가 즐기면서 신나게 노는 것은 분명히 다르다는 걸 알게 됩니다. 짧은 시간이라도 부모가 신나게 놀아야 아이도 신나게 놀 수 있거든요. 그렇게 놀고 나서 다음 놀이 시간을 기약하는 게 좋은데요. 괜히 억지로 놀아주면서 시간만 길게 보내는 것보다, 짧고 굵게 놀이를 즐기는 편이 더 낫습니다.

중급 여행의 기술 2 : 놀이철학에서 시작하는 몇 가지 놀이

#4

놀이에 대한 생각, 그러니까 놀이철학은 진지한 고민에서 탄생합니다. 아이가 놀아달라고 하니 놀아준다든가, 남들보기에 좋은 부모가 되기 위해 놀아주고 있다면 진지하게 고민해봐야 할 때입니다. 왜 아이와 함께 노는지, 놀이를 통해 아이에게 무엇을 가르쳐주고 싶은지, 분명하게 정리해두어야 놀이의 진정한 가치를 느낄 수 있으니까요. 놀이철학을 가진 부모는 아이와 함께 노는 게 곧 함께 성장하는 길이라는 걸 알게 됩니다. 아이와 노는 시간이 아이만을 위한 헌신적 활동에서 부모도, 아이도 즐겁게 배우고 성장하는 보람 있는 활동으로 채워질 겁니다.

고민 끝에 놀이철학을 정하게 되면, 다양한 방법들을 시도할 수 있는데요. 놀이책에 나오는 좋다는 놀이들을 해보는 것도 괜찮습니다. 만약 그런 게 싫다면 일찍이 놀이철학을 갖고 자신의 아이를 교육했던 사람들의 이야기를 참고해보는 것도 한 방법이죠. 이지성이 쓴 《내 아이를 위한 칼 비테 교육법》에는 이런 내용이 나옵니다.

천재 수학자 윌리엄 해밀턴은 기억력이 엄청나게 뛰어났습니다. 하지만 그것은 타고났다기보다는 교육에 의해 키워진 것이라고 합니다. 해밀턴은 일찍 부모를 여의고 삼촌 밑에서 자랐습니다. 삼촌은 해밀턴을 친자식처럼 예뻐했습니다. 삼촌은 해밀턴과 같이 놀이를 했는데 그중 '기억력 놀이'라는 것을 자주 했습니다. 함께 거리를 쭉 걸은 다음 지나온 길에 대해 서로 묻고 답하는 놀이였습니다. 한 사람이 일부러 틀리게 설명하면 무엇이 틀렸는지를 찾아내는 게임도 했습니다.

아이와 여행하다 놀이가 필요한 순간이 온다면 어떻게 해야 할까요? 몸으로 노는 것도 좋지만 계속 그럴 순 없을 겁니다. 조금 지쳤다면 주변 환경을 이용해보세요. 윌리엄 해밀턴의 삼촌처럼 기억력 놀이를 해보는 것도 좋고요, 길가에서 만나는 나무나 꽃의 이름을 퀴즈처럼 내는 것도 의외로 재미있습니다.

앞의 책 《내 아이를 위한 칼 비테 교육법》에는 칼 비테가 그의 아들 칼에게 마을 지도를 그리게 하는 내용이 나옵니다. 살고 있는 동네나 여행지를 몇 바퀴 돌아보며, 모험 지도를 그려보는 것도 괜찮은 놀이 방법이죠. 지도를 그리려면 주변 환경을 자세히 관찰하고, 관찰한 것들을 시각적으로 정리할 줄 알아야 하거든요. 이걸 놀이처럼 즐기다 보면 재미도 있지만 아이의 관찰력과 창의력을 키우는 데도 큰 도움이 됩니다.

가장 좋은 놀이는? 아이가 만들어낸 놀이!

#5

　　사실 저는 아이와 놀 때 특별한 방법이 중요하다고 생각하진 않습니다. 왜냐면 가장 좋은 놀이는 아이가 만들어낸 놀이거든요. 아이들은 저마다 성향이 다릅니다. 어떤 아이는 활동적인 걸 좋아해서 몸을 꼭 움직여야 놀이라 여기기도 하고요, 또 어떤 아이는 움직이는 것보다 지적인 활동을 더 좋아하기도 합니다. 그러니 어떤 놀이가 꼭 아이에게 좋다고 단정 지어 말할 수가 없죠.

　하지만 아이들은 본능적으로 자기가 좋아하는 놀이를 하려고 합니다. 굳이 어떤 놀이를 제시하지 않아도 아이들 스스로 만들어내는데요. 언제 만드는 걸까요? 바로 심심할 때입니다. 놀이의 근본은 심심함이며, 심심하면 어떤 식으로든 놀이를 만듭니다. 아이가 스스로 만든 놀이야말로 그 아이에게 가장 잘 어울리는 놀이이고, 그 놀이를 함께 하면 아이와 가까워질 수 있습니다. 결국 우리에게 필요한 건 특별한 방법이 아니라, 아이와 즐겁고 신나게 놀고 싶다는 마음 아닐까요?

무궁무진한 놀이를 찾는 원칙

즐겁고 신나게 놀고 싶은 마음이 준비되었다면, 슬슬 이런 생각이 또 고개를 듭니다. '근데, 대체 뭐하고 놀지?' 저도 아이들과 여행하면서 이런 생각을 수도 없이 했는데요. 그때마다 온갖 인터넷 사이트들을 찾아다니고, 주변 선생님들께 조언을 구하곤 했지요. 그러다 보니 한 가지 원칙이 생겼습니다. 그건 마로 '놀이 방법을 찾긴 하되, 찾는 데 시간을 많이 들이진 말자'는 겁니다. 어디 더 좋은 방법 없나 하고 무한정 찾아다니다 보면 오히려 그 때문에 지치는 경우가 많고요. 때로는 너무 많아서 어떤 걸 선택해야 할지도 잘 모르게 되거든요. 그래서 찾긴 찾되 제한 시간을 15분 정도로 두고 찾고 그냥 재밌겠다 싶은 느낌이 조금이라도 오면 바로 그걸 실행해봤습니다. 아이가 아직 어려서 학교 가기 전이라면 '차이의 놀이'라는 앱을 활용하면 좋고요. 그 외의 경우는 유튜브에서 놀이법을 검색해 찾는 게 효율적이었습니다. 찾다 보면 '우와, 이렇게 놀 수도 있구나.' 싶은 게 많은데요. 그게 뭐가 됐든 현실적으로 내가 아이와 함께 즐길 수 있을 정도로 부담 없는 게 가장 좋습니다.

아이와 여행할 때 꼭 필요한 대화의 기술
12

"나는 아침마다 나 스스로에게 상기시킨다.
오늘 내가 말하는 것 중 나를 가르쳐주는 건 아무것도 없다고.
그래서 만약 내가 배우고자 한다면,
나는 반드시 경청을 통해 배운다고."

— 래리 킹 —

대화가 필요한 순간
#1

아이가 어릴 땐 놀이가 곧 대화인데요, 놀면서 사랑을 표현하고 놀면서 서로를 이해할 수 있습니다. 그런데 아이가 자라서 또래 아이들과 어울리면 그때부턴 아이와 놀 시간이 점점 줄어듭니다. 그러다 보면 아이와 서먹한 사이가 되기도 하죠. 아이가 자랄수록 일부러라도 대화의 시간을 가져야 합니다. 꾸준히 서로에 대해 관심을 갖는 게 사랑이니까요. 그리고 사랑 표현에는 대화만 한 게 없거든요.

그런데 아이와 대화하는 건 생각보다 어렵습니다. 이런저런 것들을 몇 가지 묻고 나면 더 이상 할 말도 없죠. 대화거리가 떨어지면 서먹한 사이만 다시 확인하고 각자 자기 자리로 돌아갑니다. 대화가 필요한 순간, 어떻게 해야 할까요?

기다리는 시간을 대화의 시간으로
#2

우선 대화는 자연스러운 분위기에서 시작하는 게 좋습니다. 특히 아이와 대화할 땐 분위기가 아주 중요한데요. 억지로 불러서 이야기 좀 하자고 하면 아이들은 겁을 먹거나 그 불편한 상황을 피하려고 합니다. 자연스러운 계기를 마련해야 하죠.

저는 여행이 가장 좋은 계기가 된다고 생각해요. 특히 여행 중 '기다리는 시간'이 가장 자연스럽게 아이와 대화할 수 있는 시간인데요. 공항이나 기차역, 버스정류장에서 기다리는 시간도 좋고요. 표를 살 때나 입장할 때, 음식점에서 음식을 기다릴 때도 좋습니다. 이런 자투리 시간에 정말 대화할 수 있냐고요? 물론입니다. 오히려 이런 시간이 가장 자연스럽게 아이와 이야기할 수 있는 시간이며 부담도 없습니다.

첫 시작은 재미있는 농담이나 사소한 이야기가 적당합니다.

일단은 서로 친해져야 하거든요. 그래야 무의식적인 경계를 허물고 진심을 터놓는 이야기로 이어갈 수 있습니다. 그런데 부모 입장에서는 아이와 충분히 친하다고 생각하더라도, 실제로는 그렇지 않은 경우가 많습니다. 아이는 자신과 시간을 함께하고 같이 노는 사람과 가까워질 수밖에 없죠. 그러니 그동안 같이 시간을 보내지 못했다면 우선은 친해져야 하고요. 어느 정도 친해졌다면 자연스럽게 대화가 이어질 겁니다.

중급 여행의 기술 1 : 무엇을 이야기할까?
#3
    그럼, 무엇을 이야기해야 할까요? 이것도 쉽지는 않죠? 막상 기회를 잡아도 할 이야기가 없다면 곤란하지요. 어떤 이야기를 하고 싶은지, 또 어떤 이야기를 듣고 싶은지 생각하지 않으면 엉뚱한 이야기만 하게 되는 경우도 많거든요.

그러니 생각해봅시다. 꼭 무슨 이야기를 해야 한다고 정해져 있는 건 아니지만 저는 '삶'에 대한 이야기가 적당하다고 생각합니다. 삶을 사전에서 찾아보면 '사는 일 또는 살아 있음'이라고 나오는데요, 우리에게 삶이란 '사람 사는 일'이겠죠? 부모는 부모가 사는 이야기, 아이는 아이가 사는 이야기를 하는 거죠. 이것이야말로 가장 쉽고도 무궁무진한 이야깃거리입니다.

무슨 특별한 이야기가 필요한 게 아닙니다. 부모가 어린 시절 겪었던 일이나 바로 어제 직장에서 있었던 일처럼 사소한 게 곧 대화의 내용이 될 수 있습니다. 아이가 어제 학교에서 겪은 일, TV나 책에서 봤던 이야기도 들어주세요. 서로의 삶을 나누는 게 곧 대화이고, 그런 대화를 통해 상대방을 좀 더 자세히 이해하는 게 우리니까요. 이 과정에서 아이를 가르치려는 훈계는 빼는 게 좋습니다. 다시 강조하지만 이번 대화의 목적은 '이해'입니다.

중급 여행의 기술 2 : 아이와 어떻게 대화할까?
#4
　　　　　이야깃거리를 정했으면 이제 어떻게 이야기할까요? 아무리 좋은 이야기도 방법이 잘못되면 말짱 도루묵이거든요. 특히 서로 관계가 좋지 않을 땐 대화 방법이 매우 중요합니다. 평소 하던 대로 이야기하다간 괜히 마음만 상하고, 결국 포기하게 됩니다. 바꿔야 합니다. 뭘 바꿔야 할까요? 바로 대화의 출발점입니다.

우린 대체로 대화할 때 상대방에게 집중합니다. 상대가 어떤 행동을 하는지, 어떻게 대답하는지에 따라 대응하기 위해서죠. 하지만 이렇게 되면 상대방의 반응에 예민해질 수밖에 없고, 한참 끌려다니다 지치게 됩니다. 아이의 행동에 잔소리를 시작하고, 다투다 결국 포기하는 게 반복되면 부모도 아이도 괴로워질 수밖에 없죠.

　생각해봅시다. 부모가 그렇듯 아이도 분명 대화 상대인 부모에게 잠시라도 집중할 겁니다. 이때 부모가 아이의 행동이 아니라 자기 자신을 돌아본다면 어떻게 될까요? 대화의 출발점을 부모가 정할 수 있게 됩니다. 자신의 태도, 내가 사용하는 언어, 표정, 손짓에 관심을 가져보세요. 잘 모르겠으면 동영상으로 촬영해보는 것도 한 방법입니다. 그렇게 나 자신이 어떻게 아이와 대화하는지 구체적으로 알게 되면 변화는 시작됩니다. 자기 자신에 대해 아는 것. 이것 말고 또 필요한 게 뭐가 있을까요? 아이와 대화할 때는 다음 네 가지에 집중하는 게 좋습니다.

중급 여행의 기술 3 : 아이와 대화할 때 필요한 네 가지 팁 #5

　　첫 번째는 질문의 방향입니다. 질문은 대화를 이끌어 나가는 힘이 있는데요, 어떤 방향으로 질문을 하느냐에 따라 대화 자체의 흐름이 달라집니다. 그러니 아이와 대화할 땐 서로가 좋아하는 것 또는 긍정적인 방향으로 질문해야 좋은 분위기를 만들 수 있습니다. 그런데 질문의 방향을 내가 원하는 방향으로 정하는 게 쉽지는 않습니다. 보통 우린 순간적으로 떠오른 생각을 그저 질문하기 마련이거든요.

그러니 시행착오를 줄이려면 미리 질문을 준비해야 합니다. 오늘은 어떤 질문을 아이에게 할지, 이렇게 질문하면 아이가 어떤 반응을 보일지 미리 생각해보고 질문을 정하는 게 좋죠. 미리 준비한 질문과 준비하지 않은 질문의 결과는 생각보다 크게 차이 나기 때문입니다.

다음으로 재미입니다. TV를 보면 개그맨들은 보통 사람들보다 아이들과 훨씬 수월하게 대화하는 걸 볼 수 있습니다. 왜 그럴까요? 아이들과 코드가 통하기 때문입니다. 아이들과 개그맨은 둘 다 늘 재미를 추구하고, 그런 재미를 즐깁니다. 대화를 할 때도 재미가 있으면 더 신나서 이야기하게 되고, 웃기거나 솔깃한 이야기를 들으면 마음이 풀려서 더 잘 받아들이게 됩니다.

아이들과 대화할 때 목적의식이 너무 강하게 들어가면 피곤한 일이 됩니다. 아무리 답답해도 성급하게 목적을 달성하려하지 마세요. 그냥 재미로 농담을 주고받는 것도 훌륭한 대화이며 교육입니다. 재미있는 대화, 맛있는 대화를 주고받으면 어려운 이야기도 생각보다 쉽게 풀립니다.

세 번째는 들어주기입니다. 대화와 관련된 수많은 책들을 살펴보면 대부분 들어주기, 그러니까 '경청'을 강조합니다. 대화가 잘되려면 들어주는 게 우선이라고 하는데요. 다른 사람의 말을 잘 듣고 공감해주는 대표적인 사람으로 오프라 윈프리를 꼽습니다. 미국 최고의 진행자라고 불리는 그녀는 〈오프라 윈프리 쇼〉에서 60분 방송 중 평균 50분을 듣는 데 쓰고, 나머지 10분 동안 말했다고 합니다. 그런데 그 10분 동안의 말도 상대방 말에 대한 추임새가 대부분이었다고 해요.

사실 말하는 것보다 듣는 게 더 어렵습니다. 특히 아이의 이야기를 들어주는 건 쉽지 않은데요. 그렇기 때문에 더 필요한 일입니다. 만약 아무도 아이의 이야기를 들어주지 않는다면, 아이는 누구에게 이야기해야 할까요? 결국 누구든 잘 들어주는 사람에게 이야기할 수밖에 없고, 그 사람이 공감해주면 더 신나서 이야기하게 됩니다. 여행하는 중 아이가 어떤 이야기를 한다면, 이왕 듣는 거 적극적으로 들어주세요. 들어주기는 힘든 만큼 분명 의미 있는 일이 될 겁니다.

이제 마지막으로, 아이에 대해 알아야 합니다. 아이가 지금 어떤 감정을 갖고 있는지, 어떤 생각과 의도로 행동하는지 이해하면 여유가 생깁니다. 통찰력 있게 아이를 바라보는 부모는 아이와 다투지 않습니다. 이런 통찰력은 넓은 시야를 가져다주는 공부를 통해 만들어지는데요. 이런저런 자녀교육서들이 효과가 없다고 실망하지 마시고, 편하게 읽어두면 분명 도움이 됩니다. 적어도 아이가 왜 그러는지는 알게 되니까요.

하지만 결국은 자기 자신입니다. 아이를 바꾸려면 나를 보아야 하고, 나를 바꿔야 아이가 보입니다. 아이는 부모의 거울이기 때문입니다. 하나 마나 한 이야기라 해도 어쩔 수 없습니다. 나의 생각, 나의 행동, 나의 인생이 아이를 교육하고 있습니다. 지금 이 순간에도.

여행은 떠나는 모두가 주인공
#6

아이와 여행을 떠나는 부모들에게 제가 자주 하는 이야기가 있습니다. 그건 바로 여행은 떠나는 모두가 주인공이라는 겁니다. 그러니 저마다 재미있는 구석, 즐거운 틈새를 만들어야 합니다. 부모에게도 여행은 놀며 이야기하는 시간입니다. 놀며 이야기한다……. 이 얼마나 즐거운 단어인가요, 신나는 상상인가요? 일하듯 여행 가고, 일하듯 아이와 시간을 보내는 건 관두세요. 아이와 놀고 아이와 이야기하세요. 아이를 사랑한다는 그 마음은 표현해야 진실이 됩니다.

아이를 위해 희생하는 여행은 사실 내가 만드는 겁니다. 아이는 그런 희생을 알지도 원하지도 않습니다. 만약 아이가 원하는 게 있다면 그건 부모의 행복입니다. 우리가 우리의 부모에게 원하듯, 아이도 부모가 행복해지길 바랍니다.

호락호락하지 않은 생활의 피곤함을 오르고, 가까워지지 않는 아이의 마음을 건너 정말 나에게도 좋은 여행을 떠나세요. 나의 행복이 잠든 사랑을 깨웁니다. 눈뜬 그 사랑이 아이를 키우고 행복하게 이끌어나갑니다. 여행은 그 풍경이 펼쳐지는 멋진 무대입니다.

웃기지 않아도 괜찮아요

저는 사람마다 이야기하는 스타일이 있다고 생각합니다. 그 스타일을 갑자기 벗어던지고 어울리지 않게 행동하는 건 오래가지 못합니다. 차라리 그 스타일을 유지하면서 조금씩 뭔가를 바꿔보는 게 더 좋은 방법이죠. 그럼 뭐부터 바꿔볼까요? 저는 기존의 스타일에 유머감각을 더하는 게 가장 효과적이리고 생각해요. '나는 도무지 유머감각 없는 사람이다.'라며 좌절하시는 분도 계실 겁니다. 저도 그런 사람이었고, 지금도 당최 재밌지가 않은 사람이거든요. 그런데 아이들과 여행을 다니다 보니 웃긴 아이들을 많이 만났고, 그 아이들의 공통점을 발견하게 되었습니다. 그건 바로 한 번을 웃기기 위해 여러 차례 시도한다는 겁니다. 한 아이가 저에게 말했습니다. '웃기는 것도 힘들어요. 노력이 필요하죠. 히힛.' 참나. 웃기더군요. 아무튼 그 후로 저도 아재개그 같은 걸 일부러 찾아서 습득하고, 여러 차례 시도해보니 10번 중에 1번은 대박이 나더라고요. 웃기는데 가장 큰 적은 이겁니다. '말했는데 안 웃기면 어쩌지?' 하는 내 안의 생각입니다. 이걸 넘어서 그냥 한 번 시도해보세요. 다른 사람도 아니고 가족 앞인데 자존심 같은 게 그리 중요한가요? 제가 이런 말 하니 웃기긴 한데요. 웃기지 않아도 괜찮습니다. 웃기기 위해 노력하는 사람의 진심은 어떻게든 전달될 테니까요.

여행의 의미는 쓰면서 태어난다

13

"내가 글을 쓰는 것은 전적으로
내가 무엇을 생각하고 있는지,
내가 무엇을 보고 있는지, 내 눈에 무엇이 보이며
그것이 무슨 의미인지 알아내기 위해서다."

— 존 디디온 —

여행의 의미가 필요한 아이들

#1

여행을 마쳤어요. 다행히 아이가 재미있었다고 합니다. 아이가 즐거워하니 부모도 기분이 좋습니다. 그런데 뭔가 공허합니다. 재미있게 갔다 오긴 했는데, 뭔가 남는 게 없는 것 같아요. 그저 즐기다 온 것 같아 아쉬운 마음이 듭니다. 여행을 다녀오면 힐링도 되고, 뭔가 깨닫는 게 있다고 하는데, 전혀 그런 게 안 느껴집니다. 재미있지만 피곤하고 역시 집이 최고라는 생각만 듭니다.

꾸준히 여행하다 보니 아이가 어느새 이렇게 자랐네요. 처음엔 그렇게 재미있어하던 아이가 조금 크니까 이제 지겨운가 봅니다. 재미있다는 말보다는 힘들다는 말이 늘어나고, 여행 가기보다는 집에서 편하게 뒹굴기를 원합니다. 조금 더 지나니 이불 밖은 위험하다며, 침대 속에 숨어서 스마트폰만 하고 있습니다. 이제 여행 가긴 어려울 것 같습니다.

어째서 이렇게 되는 걸까요? 아이가 자라면서 여행에 흥미를 잃는 건 어떻게 보면 자연스러운 일입니다. 아이는 계속 자라는데 늘 같은 형태의 여행을 떠나기 때문입니다. 아이가 어릴 땐 그저 나가서 노는 것만으로도 재미있었다 여기지요. 하지만 어느 정도 자란 아이는 이제 할 수 있는 게 많아집니다. 새로운 것들을 원합니다. 여행이 그 요구를 충족하지 못하면 흥미가 떨어질 수밖에 없습니다.

여행의 형태를 바꾸거나 아이 주도의 활동을 늘려나가는 등여러 가지 방법을 시도할 수 있지만, 가장 부담 없이 시도할 수 있는 건 여행에 의미를 더해주는 겁니다. 늘 재미있는 것만 찾아다니던 아이들도 크면서 의미를 찾기 시작하는데요. 재미에 의미가 더해질 때 우린 행복감을 느끼기 때문입니다.

여행의 의미는 쓰면서 태어난다

#2

　　　　그럼 여행의 의미는 어떻게 찾을 수 있을까요? 여행을 떠나면 우린 많은 경험을 합니다. 여행하면서 만나는 풍경, 사람들, 갖가지 사건과 사고들이 우리에게 무언가를 남깁니다. 모든 여행은 우리의 몸과 마음속에 어떤 식으로든 새로운 의미로 남습니다. 하지만 왜 우린 여행을 다녀와서 의미 없었다는 이야기를 할까요?

　그건 바로 정리하는 시간을 갖지 못했기 때문입니다. 여행의 의미는 우리 안에 쌓입니다. 하지만 시간과 공간 그리고 상황에 따라 우리 안에 아무렇게나 마구 쌓이게 됩니다. 이걸 우리가 알아볼 수 있는 형태로 정리하지 않으면 결국은 사라져버리게 되지요.

　그러니 여행을 마치고 나면 항상 정리하는 시간을 가져야 합니다. 여행의 의미를 정리하기 가장 좋은 활동은 글쓰기입니다. 글쓰기는 우리 안에 쌓인 여행의 의미를 알아볼 수 있게 정리하는 작업입니다. 이 작업을 통해 우린 여행의 의미를 느낄 수 있고, 우리 자신에 대해서도 더 많은 것을 알 수 있게 되는데요. 그럼, 글쓰기로 여행을 정리하려면 어떻게 해야 할까요?

중급 여행의 기술 1 : 하루를 정리하는 여행일지
[#]3

　　　　여행일지를 써보세요. 일정을 마치고 숙소에 들어오거나 집에 돌아왔을 때, 그날 있었던 일을 기록하는 거죠. 우선 날짜와 여정을 먼저 적으세요. 날짜를 적으면서 오늘을 기억할 수 있고, 여정을 적으면서 하루를 돌아볼 수 있거든요. 그런 다음 오늘 아침부터 지금까지 있었던 일들을 자세히 적습니다. 아무리 사소한 일이라도 기억에 남는다면 구체적으로 적어볼 필요가 있어요. 그렇게 쓰다 보면 그 일에 대한 자기 생각이나 느낌이 일어나게 되고, 그걸 잘 곁들이면 훌륭한 글이 됩니다.

　여기서 훌륭하다는 말은 마치 작가처럼 잘 썼다는 말이 아닙니다. 쓰면서 오늘을 돌아볼 수 있었고, 생각을 해볼 수 있었다는 점에서 훌륭하다는 말이지요. 하루를 잘 정리했고, 오늘 여행이 나에게 도움이 되었으며 가치가 있었다고 여겨진다면 성공입니다. 의미가 있었다는 건 결국 '나에게 도움이 되었고, 가치가 있었다'는 말이거든요.

　하지만 아이들에게 여행일지 쓰기는 쉬운 일이 아니겠죠? 특히 어린 아이들 같은 경우엔 글자 쓰는 것도 어려운 경우가 많죠. 아이가 어리다면 첫 시작은 그림 그리기를 해보세요. 오늘 있었던 일 가운데 하나를 상상해도 좋고, 상상이 힘들다면 찍어둔 사진을 보면서 그려도 좋습니다. 그림으로 일지를 쓰다 아이가 글을 쓸 수 있을 정도가 되면, 밑에 그림에 대한 설명을 한 문장만 적어봅니다. 다음 여행에선 한 문장을 더 적어보고요. 또 그다음에도 한 문장만 더 써봅니다. 이렇게 조금씩 늘려 나가면 글쓰기에 대한 부담감을 덜면서 여행일지를 쓸 수 있습니다.

다만 이때 한 가지 내려놓을 것이 있습니다. 그건 바로 부모의 기대입니다. 아이가 그린 그림, 아이가 쓴 글에 대한 기대가 높으면 높을수록, 일지 쓰기는 힘들고 어려운 일이 됩니다. 기대에 못 미치면 잔소리를 하게 되고 결국 억지로 쓰거나 포기하는 쪽으로 상황이 이어집니다. 그러니 기대를 내려놓고, 쓴 것에 만족하면 어떨까 싶습니다. 무언가를 쓰는 것은 그 자체로 좋은 일이기 때문입니다. 유시민은 그의 칼럼인 〈글쓰기 고민상담소〉에서 이렇게 이야기합니다.

글쓰기는 높은 수준의 집중력을 요구하는 두뇌 활동입니다. 그래서 아이들한테는 무척 힘든 일이지요. (중략) 초등학생 때는 잘 쓰든 아니든 일단 무엇이든 쓰는 게 중요합니다. 줄거리가 없고 뜻이 분명하지 않아도, 무엇이든 쓰면 그 자체로 좋은 일입니다. 그러니 아이들이 쓰는 글에 실망하지 마십시오.

중급 여행의 기술 2 : 글쓰기할 때 중요한 건 분위기
#4

제가 만난 부모님들 가운데 가끔 "우리 아이는 여행 일지 쓰자고 하면 절대 안 할걸요?"라며 시도조차 힘들어하시는 분들이 있었습니다. 아이가 글쓰기를 싫어한다면 어떻게 해야 할까요? 싫어하는 데는 분명 원인이 있습니다. 그 원인은 아이마다 다르고 상황에 따라 다릅니다. 그런 아이들이 어느 날 갑자기 글쓰기를 좋아하게 되긴 힘들지요. 억지로 시키기보다는 시간을 들여 천천히 스스로 흥미를 갖도록 분위기를 만들어보세요. 저는 글쓰기 전문가는 아닙니다. 하지만 지금까지의 경험에 비추어 볼 때 아이들의 글쓰기는 분위기가 매우 중요했습니다.

우선은 부모님부터 여행일지를 써보세요. 그러다 아이가 관심을 보이며 다가올 때 기회를 주면서 시작해보는 거죠. 그림 그리기든 글쓰기든 쉽고 재미있는 일이라는 분위기를 만들면 의외로 간단하게 해낼 수 있습니다. 여기서도 물론 기대를 내려놓고 천천히 이끌자고 마음먹는 게 중요합니다. 아이가 어떤 글을 쓰게 되면 쓴 것에 만족하고, 우선은 칭찬해주는 게 좋습니다.

저와 함께 여행하는 아이들 가운데 한 초등학생 아이는 소설을 쓰는데요. 늘 여행할 때마다 자기가 쓴 소설을 갖고 와서 저

와 친구들에게 보여줍니다. 소설이 조금 엉성해도 대부분 잘 썼다며 칭찬해주고 다음 소설을 기대합니다. 그러면 그 아이는 신나서 다음 작품을 쓸 계획을 세우고, 여행하다 뭔가 생각이 나면 기록해둡니다.

아이가 어떤 글을 썼을 때 그걸 자세히 봐주고, 모자라더라도 칭찬해주면 적극적으로 글을 쓸 수 있는 동기가 됩니다. 글을 쓰려면 스스로 시작하겠다는 동기부여가 먼저이니 그때마다 인정해주고 용기를 북돋아 주세요. 그렇게 응원하는 분위기를 만들면 억지로 쓰는 글이 아닌 자연스러운 글이 나오게 됩니다. 자연스러운 글을 쓸 때 비로소 멋진 여행일지가 탄생할 수 있습니다.

여행일지를 쓰는 장소는 숙소나 집처럼 마음 편하고 집중이 잘되는 곳이 좋고요, 쓰는 시간은 하루 일정을 끝낸 후 저녁 시간이 적당합니다. 장기간 여행이라면 일지는 날마다 쓰는 걸 권하는데요, 며칠을 미뤄서 한꺼번에 쓰면 있었던 일들이 잘 생각나지 않고 분량도 부담스러워지기 때문입니다. 날마다 일지를 써야 적당한 분량으로 하루를 정리할 수 있고, 일기 쓰기 같은 좋은 습관으로 이어질 수 있습니다.

중급 여행의 기술 3 : 글쓰기를 싫어하는 아이들을 위한 팁 #5

　　　　얼마 전 TV 프로그램 〈집사부일체〉에서 개그맨 유세윤의 자녀교육법이 나왔습니다. 아들과 친구처럼 친하게 지내는 유세윤 씨는 일기 쓰기를 싫어하는 아들을 위해 매일 이걸 한다고 합니다. 이게 뭘까요? 이건 바로 '오늘의 퀴즈'입니다. 아들과 소통하기 위해 연습장에 매일 새로운 퀴즈를 내는데요. 특별히 형식이나 내용에 구애받지 않고 자유롭게 질문하고 또 자유롭게 답을 쓰도록 합니다. 매일 창의적인 질문과 대답이 오고 산다고 하는데요.

　다만 두 가지 규칙이 있습니다. 첫 번째 규칙은 '모릅니다', '없습니다'라는 식의 답은 인정하지 않는다는 겁니다. 자유롭게 쓸 수 있지만, 아이가 지켜야 하는 최소한의 규칙은 정해두는 거죠. 두 번째 규칙은 길게 또는 짧게 써도 되지만 진짜 마음이어야 한다는 겁니다. 굳이 길게 쓰지 않아도 되니 진심으로 쓰라는 거죠. 이 두 가지 규칙을 연습장 표지에 적어두고 아빠는 매일 특이한 퀴즈를 냈고요, 아들은 매일 기발한 답을 썼습니다.

　아이가 글쓰기를 싫어한다면 유세윤 씨처럼 퀴즈를 내보는 것도 훌륭한 방법입니다. 여행일지가 반드시 긴 줄글일 필요는 없습니다. 일지를 쓰는 목적은 결과물을 만드는 게 아니라 여행을 정리하고 이번 여행의 의미를 되새기는 데 있거든요. 그러니 아이와 더 가깝게 소통할 수 있는 형식을 생각해보는 게 좋습니다. 서로 주고받으며 소통할 수 있다면 형식은 아이가 좋아할 만한 것으로 정해도 상관없습니다. 아이가 재미있다고 느끼면 훨씬 더 효과적으로 여행을 정리할 수 있기 때문입니다.

하루를 기록하면 알게 되는 사실
#6

아침부터 저녁까지 오늘 하루도 참 많은 일들이 있었습니다. 분주히 준비물을 챙겨 여행을 시작했고, 가는 길에 산과 강, 멋진 들판, 그리고 꽃들을 만났습니다. 어디선가 맛있는 음식도 먹었고 아이들과 함께 뛰어다니며 장난도 쳐봤습니다. 조용히 앉아 차도 한잔 마시고, 평온한 음악을 들으며 낮잠도 즐겼지요.

오늘은 분명 어제와 다르고 또한 내일과도 다를 겁니다. 그 어떤 날과도 같지 않기에 하루하루는 소중하고 그것이 곧 우리 삶의 내용입니다. 1년 365일, 그 많은 날 가운데 하루라고 치면 오늘 하루도 별것 아닌 게 됩니다. 하지만 날짜를 뛰어넘어 오늘 하루를 자세히 들여다보면 새로운 것들이 눈에 보입니다. 그것들을 하나씩 마음속에 불러오고 천천히 종이에 적어보세요. 퍼즐이 완성되면 아마 멋진 작품이 나올 겁니다.

　여행의 의미는 쓰면서 태어납니다. 내 몸을 통과한 경험과 생각 그리고 느낌을 구체화하면서, 자기 자신을 되돌아보는 과정은 또 하나의 여행입니다. 그저 '잘 놀고 왔다, 재미있었다'를 넘어서 '이번 여행, 의미 있었다'에 가 닿으려면 여행을 정리하고 마무리하는 여행, 글쓰기 여행을 떠나보세요. 잘 못 써도 괜찮습니다. 앨범 속에 사진을 넣듯 조심스레 오늘의 시간을 차곡차곡 쌓다 보면 결국 알게 됩니다. 아이와 함께한 소중한 시간을 글쓰기로 되새기는 순간 우리 마음속에 자리 잡은 빛나는 사랑도 함께 새겨진다는 사실을 말이죠.

봉쌤의 Tip

솔직한 글쓰기의 어려움

여기저기로 강연을 다니면서 부모님들을 만나면 다른 건 몰라도 '여행일지쓰기'는 꼭 해봐야겠다고 하십니다. 네, 여행일지 쓰기 꼭 해보셨으면 해요. 그런데 말입니다. 이게 하다 보면 생각지도 못한 부분에서 어려움을 겪을 때가 있어요. 그건 바로 솔직하게 쓰는 게 무척 어렵다는 겁니다. 아이가 어리면 어릴수록 수월하지만, 좀 지나면 이게 정말 힘듭니다. 소설가 김중혁은 《무엇이든 쓰게 된다》에서 이렇게 이야기합니다. '무엇보다도, 글쓰기의 가장 큰 위험은 '자기합리화'이다. (중략) 누구에게도 보여주지 않으려던 글쓰기는 점점 누군가를 의식하게 된다. 일기조차도 그렇다. (중략) 우리는 글쓰기를 통해 더 나은 사람이 될 수 있다고 말하지만, 어쩌면 글쓰기 속에서만 더 나은 사람이 되고 있는지도 모르겠다. 글쓰기가 점점 어려워진다.' 이처럼 솔직한 글쓰기는 생각보다 어렵습니다. 그러면 어찌해야 할까요? 누군가를 의식한 내용보다는 자신의 감각과 그에 연결된 감정들을 위주로 쓰면 도움이 됩니다. 그것이 긍정적인 감정이든, 부정적인 감정이든 자유롭게 쓸 수 있도록 허용해주세요. '뭐, 이런 걸 썼어?' 하고 혼내기보다는 그것에 대한 나의 생각이나 감정을 공유해주면 좋습니다.

상상하면 다시 떠날 것이다
14

"당신이 상상할 수 있는 모든 것은 현실이다."

— 피카소 —

아쉬움은 여행의 마무리

#1

여행을 끝내고 집으로 돌아오는 길. 차 안에서 아이가 아쉽다고 말합니다. 이번 여행이 재밌었나 봅니다. 며칠 더 여행하면 안 되냐고 자꾸 묻네요. 엄마도, 아빠도 아쉽지만 이제 집에 가야 합니다. 여행의 여운이 느껴지는 이 순간, 어떻게 해야 여행을 잘 마무리할 수 있을까요?

일단은 그 아쉬움을 진하게 받아들여 보세요. 아쉬움이 느껴진다는 건 이번 여행이 끝나간다는 신호입니다. 그것도 아주 성공적으로 끝났다는 신호지요. 만약 아쉬움 따윈 느껴지지 않고 속이 후련하다면? 여행에 시달려 지친 걸지도 모릅니다. 아쉬움을 여행이 마무리될 때 경험하는 자연스러운 과정이라고 생각해보세요. 그렇게 아쉬움을 과정으로 받아들이면 오히려 마음이 편안해집니다.

그런 다음 이번 여행에서 어떤 점이 아쉬웠는지, 왜 그게 아쉬웠는지 이야기해보세요. 굳이 따로 여행을 평가하는 자리를 마련하지 않더라도 이런 대화가 여행을 정리하고, 평가하는 방법이 될 수 있습니다. 간단한 평가를 끝낸 후 아쉬움을 음미해보세요. '이렇게 여행이 끝나가는구나' 하고 인정하면 잔잔한 여운이 마음을 적시게 됩니다.

아쉬움을 다음 여행을 위한 상상으로
#2

다음으로 상상을 시작해보세요. 어떤 상상일까요? 네, 그렇죠. 다음 여행에 대한 상상입니다. 여행이 끝났음을 아쉬워하는 아이들은 대부분 이런 질문을 합니다.

"우리 다음엔 어디 가요?"

이번 여행이 끝났으니 그 허전하고 아쉬운 마음을 다음 여행에 대한 기대로 채우려는 거죠. 그러니 아쉬움이 느껴질 때 아이와 그 아쉬움을 공유해보고, 다음 여행은 어떻게 떠날지 같이 상상해보세요. 어디로 가면 좋을지, 어떻게 가면 재미있을지, 왜 가고 싶은지, 이런 걸 서로 이야기하다 보면 금방 다음여행이 머릿속에 떠오릅니다.

아무것도 없는 상태에서 상상만으로 다음 여행을 설계하는 것도 충분히 의미 있는 일입니다. 왜냐면 그렇게 밑바탕을 만들어두어야 다음 여행을 추진할 수 있거든요. 실제로 준비하든 상상으로 준비하든 시작을 했다는 게 중요한 겁니다. 시작이 반이라는 말이 괜히 있는 게 아니지요. 그런데 정말 상상만 한다고 도움이 될까요?

상상은 생각보다 큰 힘을 갖고 있습니다. 심지어 상상으로 암을 치료한 사람도 있다고 하는데요. 일본의 정신과 의사 와타나베 요시노리가 바로 그 사람입니다. 한 인터넷 기사에 실린 그의 사례는 다음과 같습니다.

정신과 의사인 그는 정신과 질병의 관계를 매우 잘 알고 있었습니다. 사람은 마음이 초조해지면 면역력이 떨어집니다. 그는 부정적인 마음을 추스르는 적극적인 '초조 해소 방법'을 사용해 매일 조깅을 하며 암에 대항한다는 상상을 했습니다. "저는 기쁘게 길을 걸으며 걸음마다 암세포를 짓밟는다고 상상했습니다. 매일 이 방법을 지속한다면 상상력은 더욱 분명하게 드러날 겁니다. 저의 뇌 속에는 서서히 암세포를 짓밟는 구체적인 이미지와 암세포가 점점 줄어드는 광경이 떠오르기 시작했습니다."

이후 와타나베 박사는 하루하루 건강이 좋아지는 것을 느끼고 암도 치료됐으며 책을 낸 지 2년이 됐지만, 암이 재발하지 않았습니다.

이렇게 상상은 우리 생각보다 훨씬 큰 힘을 갖고 있습니다. 상상만으로 어떤 변화를 이끌어낼 수 있다는 이야기는 괜한 이야기가 아닙니다. 그럴 만한 이유가 있고, 또 여러 가지 사례들이 이를 증명하고 있습니다. 상상을 잘 활용하면 분명히 다음 여행을 준비하는 데도 큰 도움이 될 겁니다.

중급 여행의 기술 1 : 어떻게 상상해야 할까?
#3

그럼 구체적으로 어떻게 상상하는 게 좋을까요? 처음에는 부모가 그 과정을 주도하는 게 좋습니다. 아무것도 없는 상태에서 무언가를 계획하는 건 쉽지 않거든요. 우선은 부모가 주도해서 몇 가지 사례를 보여줄 필요가 있습니다.

예를 들어 '다음 여행은 수원으로 가볼까?' 하고 제안하면 아이는 '수원에 뭐 있어?' 하고 물어보겠죠? 그럼 그때 수원화성 이라든지, 화성행궁 같은 곳을 이야기하며, 어떤 곳인지 간단히 알려줄 수 있습니다. 그런 다음 수원화성 성벽을 같이 걸어보 거나, 수원화성 열차를 타고 한 바퀴를 돌아보는 방법 등을 이 야기해보는 거죠. 이렇게 이야기하면서 함께 여행하는 장면을 떠올려 봅니다.

생생하게 떠올리려면 아주 구체적으로 이야기해야 하는데 요, 상상이니까 그 이야기가 사실과 조금 달라도 큰 문제는 없 습니다. 마치 소설을 쓰듯이 어떤 일을 자세히 묘사해보세요. 이건 어떤 식으로 여행을 계획하는 게 좋은지, 아이에게 시범 을 보여주는 거라고 생각하면 됩니다. 만약 내가 아는 곳이 없 다면 아이와 함께 언제 어떻게 같이 알아볼지 정하면 되고요. 그 약속을 잘 지키면 되니 아는 곳이 없다고 걱정할 필요는 없 습니다.

중급 여행의 기술 2 :
마인드맵을 활용해 다음 여행 계획 세우기
#4
구체적인 상상은 분명 효과가 있지만, 이걸 실행하려 면 눈에 보이는 것이 있어야 합니다. 구체화의 다음 단계는 시 각화거든요. 아이와 함께 어느 정도 상상이 끝났다면 스케치북을 하나 준비합니다. 상상한 내용을 그림으로 그려도 되고 단어로 표현해도 좋습니다. 그런 다음 하나의 그림 또는 단어에서 떠오른 것들을 아이와 이야기해보고 가지치기를 해서 죄다 적어봅니다. 이렇게 나온 것들에서 생각난 그림이나 단어도 적습니다. 계속 마인드맵을 이어나가면서 스케치북을 채워보세요.

스케치북이 마인드맵으로 가득 채워지면 이제부터는 여행 주제 찾기를 합니다. 눈앞에 있는 이걸로 어떤 여행을 만들 수 있을지 생각해보는 거죠. 이렇게 하면 아무것도 없는 상태보다 훨씬 더 쉽게 그리고 뜻밖의 여행을 계획할 수 있습니다. 여행 주제가 정해지면 주제와 관련 없는 것들을 하나씩 지워봅니다. 그러다 보면 자연스레 핵심적인 재료들만 남게 되는데요. 이제 그 재료들을 연결만 잘하면 여행 계획이 완성됩니다. 이건 숙제가 아니라 놀이니까 너무 억지로 할 필요는 없습니다. 단번에 끝낼 필요도 없고요. 그저 시간이 날 때마다, 할 일 없을 때마다 조금씩 재미 삼아 해보세요.

이런 식으로 마인드맵을 활용하면 우리의 상상을 눈에 보이는 형태로 표현할 수 있습니다. 그리고 그 형태를 구체화해 나가는 과정을 통해 자연스럽게 다음 여행을 계획할 수 있게 되고요. 창의적인 여행 아이디어도 얻을 수 있습니다. 이 모든 과정이 익숙해지기 전까지는 부모가 주도해서 시범을 보여준다고 생각하는 게 좋습니다.

부모 주도에서 아이 주도로
#5

　　　　그렇게 몇 번 시범을 보이고 나서 다음부터는 아이가 주도할 수 있도록 서서히 기회를 주세요. 이때부터는 아는 여행지가 많아서 이곳저곳 이야기할 수 있다고 해도 참아야 합니다. 부모가 주도하는 여행에서 아이가 주도하는 여행으로 옮겨 가야 하기 때문이죠. 아이들은 하루가 다르게 성장합니다. 늘 같은 방법을 쓰다 보면, 뭔가 이게 아닌데 싶을 때가 오게 됩니다. 할 수 있는 일이 많아지고 아는 게 늘어나면 아이들은 자기 스스로 뭔가를 해보고 싶어 하지요. 그럴 때 서서히 기회를 주고 아이가 이끄는 경험을 하도록 분위기를 만드는 게 교육입니다.

　하지만 어떤 일이든 단계가 필요합니다. 첫 시도는 쉽고 간단한 것으로 하는 게 좋습니다. 그러다 조금씩 난이도를 올려야 흥미를 잃지 않고 끝까지 해낼 수 있습니다. 일단 여행지나 세부 일정은 부모가 정하더라도 가서 무엇을 하고 싶은지, 어떤 것들을 준비하고, 뭘 먹을지 정도는 하나씩 아이에게 물어보세요. 아이의 의견이 말도 안 되고 허황된 것이라 해도 우선은 인정해주는 게 좋습니다. 나중에 구체적으로 준비 과정을 거치다 보면 자연스레 현실적인 방안이 나오게 되니까요.

　상상으로부터 시작해 아이가 주도하는 일을 하나씩 늘려가세요. 그러다 어느 시기가 오면 직접 아이가 가족여행을 이끌어가도록 기회를 줘보세요. 처음엔 분명 잘 안 되겠지만 몇 번을 시도하다 보면 결국 해내게 됩니다. 그렇게 성공의 경험을 쌓아가면 자존감을 키울 수 있고, 누군가를 이끄는 리더십도 기를 수 있지요. 그리고 무엇보다 아이가 적극적으로 나서게 되니 부모도 아이도 여행을 즐길 수 있게 될 겁니다.

상상으로부터 출발한 여행
#6

　　다음 여행을 상상한다는 건 우리가 원하는 여행을 위한 밑그림을 그리는 것과 같습니다. 적당한 밑그림을 그리고 그 그림이 살아서 움직일 때까지 노력해보세요. 론다 번의 유명한 베스트셀러 《시크릿》에는 다음과 같은 내용이 나옵니다.

'교정용 가지치기 가위'라는 제목으로 네빌 고다드가 1954년에 강연한 내용에 담겨 있는 방법을 하나 이야기할까 한다. 이 방법은 내 인생에 엄청난 영향을 미쳤다. 네빌은 하루가 끝나고 잠자기 전에 그날의 사건들을 생각해보라고 권한다. 어떤 사건이나 일이 원하는 대로 되지 않는다면, 마음속에서 기분이 짜릿해질 상황으로 바꿔서 상상해보라. 마음에서 당신이 원하는 그대로 상상할 때, 그날 생긴 주파수들을 청소하고 내일을 위해 새로운 주파수와 신호를 전송하게 된다. 의도적으

로 미래를 위한 그림을 그리는 것이다. 이 방법을 사용하기에
늦은 시기란 없다.

　상상은 내일을 위해 새로운 주파수와 신호를 전송합니다. 부
모와 아이가 함께 상상하는 건 새로운 가족여행을 위한 주파수
와 신호를 보내는 거죠. 그렇기에 함께 상상하고 계획하는 건
의미 있는 일입니다. 이 일은 가족이 힘을 합쳐 뭔가를 만들어
가는 쉽고도 안전한 방법이거든요. 또한 상상은 어디까지나 상
상이기 때문에 무엇이든 힐 수 있습니다. 실행하기 힘든 일이
라 해도 그 상상을 하며 가족이 모두 즐거웠다면 그것만으로도
좋은 일 아닐까요? 그 기분 좋은 상상으로부터 출발한 여행은
분명 멋진 여행이 되리라 확신합니다.

봉쌤의 Tip

5분 상상으로 마음 조각하기

두뇌 재활 분야의 전문가로 알려진 이안 로버트슨은 '두뇌는 상상으로 하는 것과 실제로 하는 것을 구분하지 못한다'고 했습니다. 상상만으로도 두뇌는 실제로 하는 것처럼 여긴다는 말인데요. 이 때문에 운동선수들이 이미지 트레이닝이라는 걸 열심히 하는 거겠죠? 그런데 이 상상이란 걸 막상 해보면 쉽지 않습니다. 머릿속에 무언가를 구체적으로 떠올린다는 게 만만치 않은 일이거든요. UCLA에서 22년 동안 성공에 대해 연구한 로버트 마우어 박사는 《아주 작은 반복의 힘》이라는 책에서 스몰 스텝(Small Step) 전략을 활용해 상상할 것을 권하는데요. 하루 5분 정도의 짧은 상상만으로도 충분히 큰 변화를 만들 수 있음을 다양한 사례로 증명하고 있습니다. 이런 상상 훈련을 '마음 조각하기'라고 부르는데, 짧은 시간이지만 반복적으로 상상을 하면 거기에 맞춰 뇌가 서서히 변화해 나간다고 해요. 여행을 마무리하고, 다음 여행을 설계할 때도 하루 5분 정도의 상상으로 시작해보세요. 쉽고, 가볍게 반복하면 충분히 해낼 수 있을 겁니다.

여행은, 과정이다
15

"행복은 여정이지 목적지가 아니라는 점을 기억하라."

— 로이 M. 굿맨 —

피곤하고 지루한 가족여행

#1

봉씨네 가족은 지난주에 가족여행을 다녀왔습니다. 갑자기 봉아빠 회사에서 가족여행 주간이라며 휴가를 줬기 때문인데요. 차라리 여행 가지 말 걸 그랬습니다. 봉아빠는 운전에 지쳤고, 봉엄마는 친구들과의 약속을 깨고 억지로 다녀왔거든요. 무엇보다 초등학생이 된 봉이가 여행 내내 지루해하고, 종일 스마트폰으로 게임만 하며 시간을 보냈기 때문입니다. 전에는 그렇게도 여행 가는 걸 좋아했던 봉이가 갑자기 왜 이러는 걸까요? 절호의 찬스라 생각하고 떠난 가족여행이 어째서 이렇게 된 걸까요?

우리는 보통 여행을 떠날 때 그때그때의 사정에 따라 떠납니다. '다음 주에 시간 되니까 어디 놀러 갔다 올까?' 이렇게 생각하고 나면 여행 준비가 시작되는 거죠. 그렇게 갑작스레 일이 진행되다 보니 시간과 장소 정도만 정하고, 그다음은 대체로 운명에 맡깁니다. 요즘은 워낙 여행지 정보가 많고 스마트폰으로 쉽게 찾아볼 수 있어 갔다 오는 데 큰 지장은 없습니다. 여행의 목표가 그저 갔다 오는 것이라면 말이죠. 하지만 그런 여행을 다녀오고 나면 왠지 모를 공허함과 지루함이 느껴집니다. 매번 비슷한 여행의 형식이 알게 모르게 우릴 피곤하게 합니다. 여행이란 원래 이런 걸까요?

과정이 곧 여행이라는, 평범하지만 확실한 사실
#2

사실 과정이 중요하다는 건 누구나 아는 겁니다. 하지만 그러면서도 우린 늘 결과에 주목하지요. 그 이유는 뭘까요? 과정이야 어찌 되었건 간에 결과가 지금 우리에게 주어지는 보상처럼 느껴지기 때문입니다. 열심히 해도 주변 사람들이 옆에서 "결국은 실패했네?"라고 한마디만 해버리면 모든 게 부질없이 느껴집니다. 대충 해도 결과가 좋으면 다들 대단하다고 말합니다. 그러니 우리는 늘 다른 사람의 평가에 기대게 되고, 성과만을 추구하게 됩니다. 일도 아니고 여행인데 여행조차 눈치 보고 성과를 내야 하다니 이건 좀 슬프지 않나요?

여행은 삶과 같다. 목적지가 아니라 거기까지 가는 길이 중요하다. 시간에 쫓기며 정해진 목표를 향해 서둘러 갈 권리도 있겠지만, 길가에서 경험하는 경이와 아름다움을 놓친다면 참으로 안타까운 일이다.

장 피에르 나디르와 도미니크 외드가 쓴 책《여행정신》에 나오는 내용입니다. 여행은 과정입니다. 똑같이 차를 타고 가더라도 누군가는 찬란한 풍경을 바라보고, 누군가는 스마트폰 화면을 봅니다. 결과적으로 목적지에 똑같이 도착했다고 해서 두 사람의 여행이 같은 여행일까요? 과정이 곧 여행의 내용입니다. 가는 동안 무엇을 보았고, 어떤 걸 느꼈고, 생각했는지가 여행을 결정합니다. 단순히 어딘가에 도착하고 다시 돌아왔다고 그 여행이 완결되는 것은 아닙니다.

우리가 여행일지를 쓸 때 '출발했다. 도착했다. 돌아왔다. 끝.' 이렇게 쓰지 않는 이유는 가는 동안 보고, 듣고, 느낀 것이 여행이기 때문입니다. 우린 이미 알고 있습니다. 과정이 곧 여행이라는 평범하지만 확실한 사실을요. 다만 매 순간 알아차리지 못할 뿐입니다. 과정에 놓여 있는 순간 '이것이 여행이구나!' 하고 떠올릴 수만 있다면 우리의 여행은 분명 달라질 겁니다.

몸으로 하는 여행을 해야!

#3

　　　과정이 곧 여행이라면 우린 어떤 여행을 해야 할까요? 단도직입적으로 이야기하자면 몸으로 하는 여행을 해야 합니다. 우린 평소에 눈으로 하는 여행에 익숙해져 있습니다. 흔히 관광이라고 이야기하는 게 눈으로 하는 여행인데요. 비행기나 배, 자동차 같은 탈것들을 이용해 목적지에 도착하고 구경한 뒤 돌아오는 여행이죠. 이것도 나쁘진 않습니다. 쉽고 편한 여행이니까요. 하지만 아이와 함께 여행한다면 눈으로 하는 여행보다는 몸으로 하는 여행이 더 좋습니다. 몸으로 하는 여행을 할 때 우린 여행의 과정을 제대로 경험할 수 있습니다. 더 많이 배우고, 더 많은 생각을 할 수 있지요.

　　조금 구체적으로 이야기하자면, 몸으로 하는 여행은 느리고 힘든 여행입니다. 걷기여행이나 배낭여행처럼 오래 걸리고, 자기가 직접 해결해야 하는 여행이 곧 몸으로 하는 여행이라 할 수 있습니다. 사실 첫 시작부터 이런 여행을 하긴 어렵습니다. 아이가 아주 어릴 땐 별 수 없이 차를 타고 이동하게 되는데요, 그렇더라도 언젠가는 이런 여행을 할 수 있도록 목표로 삼고 준비하는 게 좋습니다. 대체로 걷기여행과 배낭여행은 초등학교 4학년 때부터 시작할 수 있습니다. 처음엔 산책보다 조금 더 많이 걷는 여행으로 시작해서 조금씩 거리를 늘리는 쪽으로 계획을 세워보세요.

중급 여행의 기술 1 : 한 발, 한 발 정직한 여행, 걷기여행
#4

걷기여행은 느리게 한 발, 한 발 나아가 목적지에 닿는
여행입니다. 여행하는 동안 자연스레 주변 풍경과 사람을 만나
게 되지요. 몸으로 하는 여행입니다. 늘 똑같은 여행, 남들과 같
은 여행을 떠나기보다는 걷기여행을 시작해보세요. 그렇게 함
께 걷다 보면 눈으로 하는 여행에서는 경험할 수 없는 사건들
이 일어나고 서로의 소중함을 깨닫게 됩니다. 함께 시간을 보
내며 그동안 몰랐던 서로의 마음을 확인하기도 하고요.《최효
찬의 아들을 위한 성장여행》에는 이런 내용이 나옵니다.

지금 내가 아들과 만들고 있는 점은 '도보여행'이다. 한 해 두
해, 도보여행의 횟수가 쌓이면서 도보여행은 우리 가족의 상
징적인 가족문화가 되었다. 하버드 대학교 마이클 샌델 교수
가《돈으로 살 수 없는 것들》이란 책을 출간했다. 필시 아빠와
아들의 도보여행은 억만금으로도 살 수 없는 귀중한 보물이
되고도 남을 것이다. 그리고 이 일은 아이들에게 훗날 어떤 소
중한 경험으로 이어질 것으로 믿는다.

만약 아이와 걷기여행을 떠나기로 마음먹었다면 이 책을 읽
어보길 권합니다. 저자의 교육철학과 함께 다양한 사례, 함께

떠난 아들의 여행기를 수록하고 있어 도움이 됩니다. 본격적인 걷기여행이 너무 부담스럽고 힘들 것 같다면 여행 일정 가운데 걷기 일정을 넣어보세요. 근처까지는 차를 타고 가더라도 걷기 여행길에 가서 조금이라도 걷기여행을 하다 보면 이 여행의 매력을 느낄 수 있을 겁니다. 인터넷에 '두루누비'라고 검색하면 전국의 걷기여행 길을 찾아볼 수 있습니다.

중급 여행의 기술 2 : 진정 여행다운 여행, 배낭여행
#5

배낭여행은 보통 배낭을 메고 최소한의 경비를 들여서 하는 여행을 말합니다. 대체로 현지 교통을 이용해 이동합니다. 거의 모든 걸 여행자가 스스로 해결하고요. 그렇다 보니 자기 마음대로 일정을 조정할 수 있고, 어디든 상황에 맞게 가볼 수 있습니다.

자유롭게 다닌다는 점은 좋지만 그만큼 힘들지요. 처음 보는 낯선 곳에서 대중교통을 이용하는 것도 힘들고, 길을 찾거나, 식당을 이용할 때도 쉽지 않습니다. 그렇지만 그런 불편한 경험이 곧 배낭여행의 매력입니다. 세바스티안 카나베스가 쓴 《배낭여행자의 여행법》이라는 책에는 배낭여행을 해야 하는 이유를 다음과 같이 설명하고 있습니다.

1. 선입견을 버린다.	1. 온 세상에서 친구를 얻는다.
1. 새로운 언어를 배운다.	1. 온 세상의 황홀한 음식
1. 여행은 인생 최고의 대학이다.	1. 이야기꾼이 되라.
1. 인생은 편안한 구역 밖에서 시작된다.	1. 능력과 자신감을 기른다.
1. 지금 가진 기회에 최선을 다하라!	

소제목만 적었지만 대충 어떤 내용일지 상상되시죠? 저는 아이와 함께 배낭여행하기에 가장 좋은 시기는 사춘기 때라고 생각합니다. 그때야말로 자기 자신에 대해 진지하게 생각하기 시작하는 때이고, 새로운 자극이 필요한 시기이기 때문이죠. '나는 어디까지 할 수 있을까?' '나는 어떤 일을 좋아할까?' 이런 질문의 해답은 일상보다 더 넓은 곳에서 찾아야 합니다. 배낭여행은 낯선 곳을 헤매며, 그곳 사람과 부딪치면서, 새로운 문화를 만나는 기회가 됩니다. 진정 여행다운 여행은 아이를 생각하게 만듭니다. 그러니 이제 차에서 내려 배낭 메고 낯선 곳으로 떠나보세요!

여행이 가르쳐 준 배낭의 무게

정말 너무나 당연한 이야기지만, 배낭여행을 할 땐 배낭을 메야 합니다. 그런데 요즘은 아이들도 워낙 여행을 많이 다니다 보니 캐리어 가방을 선호하더라고요. 배낭보다는 캐리어가 바퀴도 달려 있어 편하고, 짐도 많이 들어가니 좋다는 부모님들도 있습니다. 하지만 배낭여행의 진정한 의미는 배낭의 무게에 있습니다. 아이도 알아야 합니다. 욕심내 많이 가지면 사는 게 얼마나 무거워지는지, 빈약하게 준비하면 사는 게 얼마나 불편한지 스스로 느끼고 배워야 합니다. 우선, 배낭 안에 준비물을 넣는 것부터 아이가 스스로 할 수 있도록 도와주세요. 그래야 어디에 무엇이 있는지 알 수 있습니다. 그런 다음 적당한 배낭의 무게를 가늠할 수 있도록, 배낭을 메고 동네라도 한 바퀴 돌아보면 좋습니다. 여행자의 어깨를 짓누르는 배낭의 무게, 어쩌면 그 무게야말로 여행을 통해 배울 수 있는 가장 큰 삶의 지혜일지도 모릅니다.

가족여행을 위한 세 가지 원칙
16

"행복은 우리 자신에게 달려 있다."

— 아리스토텔레스 —

부모가 모든 걸 다 해주는 여행
#1

     봉이는 오늘도 아빠, 엄마와 함께 여행을 떠납니다. 오늘 가는 곳은…… 어디라고 했는데 기억이 잘 안 납니다. 뭐 어디든 가겠죠. 차 뒷자리에 앉자마자 스마트폰을 꺼냅니다. 엄마의 잔소리가 들려오지만 잠시만 견디면 됩니다. 오늘은 반드시 레벨업을 해야겠습니다. 게임에 빠져 있다 보니 도착했네요.

     얼른 사진을 찍고 다시 차로 돌아와 레벨업에 열중합니다. 이번엔 아빠가 잔소리를 합니다. 눈치 좀 보고 시작. 다음 여행지에 도착할 때쯤 드디어 레벨업을 달성했습니다. 오늘 중 가장 보람되고 기쁜 순간입니다. 집으로 가는 길, 레벨업을 한 번 더 할 뻔했는데 아쉽게도 배터리가 없네요. 충전이 필요하니 얼른 집에 가야겠습니다. 여행 같은 거 안 갔으면 좋겠어요.

첫 번째 원칙 : 아이가 이끄는 게 중요하다!
#2

　　　　행복한 가족여행을 위한 첫 번째 원칙은 아이가 이끄는 여행입니다. 아이와 함께 여행 갈 때 가장 빠지기 쉬운 함정이 바로 모든 걸 부모가 알아서 하는 건데요. 계속 그렇게 여행을 다녀오다 보면 결국 그 과정에서 아이는 사라집니다. 항상 부모가 알아서 준비하다 보니 그게 당연한 것이 되고, 아이는 수동적으로 바뀔 수밖에 없는 거죠.

　미국에서 '학습효과'를 측정하기 위한 흥미로운 실험을 하나 진행했습니다. 두 사람에게 자동차로 낯선 도시를 여행하게 했는데요. 한 사람은 운전하고, 한 사람은 조수석에 앉아 여행하게 했지요. 과연 누가 더 많은 정보를 얻었을까요? 여행이 끝난 뒤 질문했더니 운전자가 훨씬 더 많은 정보를 얻었다고 합니다. 두 사람이 습득한 정보의 차이가 무려 4.7배에 달했다고 해요. 운전자는 거리, 표지판, 건물 등을 살피며 주도적으로 여행했지만, 조수석에 앉은 사람은 수동적으로 구경만 했기 때문이지요.

　아이와 함께하는 여행에서도 누가 주도하느냐에 따라 결과가 달라집니다. 여행에서 얻는 경험이 큰 차이를 보이지요. 부모가 주도해 처음부터 끝까지 안내해주는 여행은 아이를 구경꾼으로 만듭니다. 아이들이 이런 여행에 익숙해지면 새로운 도전보다는, 편하고 쉬운 여행만을 찾게 됩니다.

아이가 이끄는 여행을 시작해보세요. 물론 처음부터 이런 여행을 해낼 순 없습니다. 우선은 쉽고 간단한 역할부터 주는 거죠. 준비물 하나를 챙기거나 물건 하나 사 오는 것부터 시작해서 차츰 역할을 늘려가면 됩니다. 그러다가 초등학교 4학년쯤 되었을 때 가족여행을 이끌 온전한 기회를 줘보세요. 그럼, 분명 잘 안 됩니다. 속이 터집니다. 하지만 당연한 겁니다.

누구나 첫 시작은 어렵고 힘듭니다. 어른에게 여행을 이끌라고 시켜도 힘든데 아이는 당연히 시행착오를 겪을 수밖에 없겠죠. 그러니 실패하더라도 여유로운 마음으로 받아주고, 격려해줄 필요가 있습니다. 시행착오를 겪으며 경험과 자신감이 쌓이면 언젠가는 궤도에 오르게 됩니다. 그때부터는 가족이 돌아가면서 여행을 이끌고 게임처럼 즐길 수 있으니 한결 여행이 수월해질 겁니다.

사실 누군가를 이끄는 경험은 학교에서도 좀처럼 하기 힘듭니다. 이제 학교 수업의 형태가 많이 달라져 모둠별 수업을 진행하지만, 그래도 대개 적극적인 아이들만 그런 경험을 하게 됩니다. 특별히 나서지 않으면 구성원이 되어 따라가다가 끝나기 마련이죠. 이런 교육은 결국 가정에서 시작해야 합니다. 아이가 집에서부터 누군가를 이끄는 경험을 쌓아나갈 때 자연스럽게 리더의 자질과 스스로 해내는 힘을 기르게 됩니다.

두 번째 원칙 : 두근거리는 마음으로 떠나야!
#3
　　　　두 번째 원칙은 설렘을 간직한 여행입니다. 여행은 언제나 설렘으로 시작합니다. 여행 떠나기 전부터 두근거리는 마음으로 기다려보신 적 있나요? 막상 여행지에 도착하면 생각보다 실망스러운 경우도 많습니다. 하지만 기다리는 순간만큼은 행복했다 싶을 때가 있죠? 설렘도 여행의 중요한 과정입니다. 그러니 그 순간을 마음껏 즐기세요. 아이와 함께 여행을 떠날 때도 그 순간을 제대로 즐길 수 있어야 행복한 여행을 위한 첫걸음을 내딛을 수 있습니다.

　우리는 다가오는 여행을 기대하고, 그 여행에 대한 설렘을 느낄 때 여행을 적극적으로 준비하게 됩니다. 더불어 긍정적으로 인식하기도 하고요. 이건 마치 사랑에 빠지는 것과 비슷합니다. 우리가 누군가를 사랑하게 되면 그 사람에게 설렘을 느끼고, 그 사람에게 특별한 의미를 부여하듯이 여행도 마찬가지입니다. 두근거리는 마음으로 기다린 여행이 결국 우리에게 더 큰 의미로 남게 됩니다.

그럼 어떻게 해야 아이들이 여행의 설렘을 제대로 느끼게 할 수 있을까요? 설렘은 여행 준비를 어떻게 하느냐에 달려 있습니다. 여행 준비를 충실하게 하면 할수록 우리가 느끼는 설렘과 기대도 커지는데요. 우선은 아이와 함께 이번 여행에 관한 아이디어를 공유하는 시간을 가져보세요. 누군가 일방적으로 여행을 기획하는 것보다는, 서로 아이디어를 내서 함께 만들어가는 여행이 훨씬 더 큰 설렘과 기대를 안겨주거든요.

그렇게 아이디어를 공유하는 시간을 거치고 나면 계획도 수월하게 짤 수 있습니다. 만약에 같이 이야기할 시간이 부족하다면, 큰 종이를 하나 벽에 붙여두고, 거기에 포스트잇으로 각자의 의견을 모아볼 수 있는데요. 아이디어가 조금씩 쌓이는 게 시각화되어 설렘과 기대감을 높일 수 있습니다.

다음으로 여행지와 관련된 이야기나 영화 같은 걸 함께 보는 것도 괜찮은 방법입니다. 아이가 아직 어리다면 이야기를 들려주면서 궁금증을 불러일으킬 수 있고요, 초등학생이나 중학생쯤 되었다면 여행지를 배경으로 한 영화를 보며 함께 이야기해볼 수도 있습니다. 다만 이런 방법은 억지로 하기보다는 편안한 분위기 속에서 자연스럽게 시도하는 게 좋지요. 마치 공부하는 것처럼 억지로 하다 보면 오히려 역효과가 날 수도 있습니다. 그리고 이야기나 영화는 어느 정도 스토리가 있으니 그걸 완전히 다 들려주거나 보여주는 것보다 일부만 공개해 함께 상상해보는 게 더 재밌습니다.

　마지막으로 여행 날짜가 다가오면 D-데이를 세면서 가상 여행을 시도해보세요. 눈에 잘 보이는 알림판 같은 데다가 D-데이를 적어두면 남은 날짜가 시각화되기 때문에 여행에 대한 설렘과 기대를 높일 수 있습니다. 그리고 집에서 여행을 떠난다 생각하고 가상여행을 하는 것도 도움이 됩니다. 특히 나이가 어린 아이들과 해보면 큰 효과를 볼 수 있는데요. 아이와 놀이처럼 즐기며 시간을 보내면서 동시에 여행 준비도 함께 되는 방법입니다.

세 번째 원칙 : 스스로 지킬 수 있어야 가장 안전하다!
#4
　　　　행복한 가족여행을 위한 세 번째 원칙은 스스로 지키는 여행입니다. 아이들과 여행 갈 때 가장 걱정되는 부분은 역시 안전입니다. 하지만 아이러니하게도 걱정하는 것에 비해서는 거의 아무런 대비를 하지 않거나 소극적으로 대비하는 게 또한 안전이기도 합니다. 중요한 건 알지만 막상 뭔가 해보려고 하면 막막한 게 안전교육이거든요. 학교에서 잘 배웠겠지 하고 방심하면 안 됩니다. 사고는 늘 그럴 때 찾아오니까요. 아무도 안전을 책임져 주지 않습니다.

우선은 부모부터 안전교육을 받아두는 게 좋습니다. 안전에 대해서는 어른이 제대로 알아야 아이들에게 가르칠 수 있고, 사고가 생기더라도 적극적으로 대처할 수 있기 때문입니다. 관심이 있다면 대한적십자사 같은 곳에서 교육을 받아보세요. 하지만 시간여유가 없다면 국민재난안전포털 같은 곳에서 온라인 자료라도 찾아 읽어봐야 합니다. 요즘은 유튜브에도 안전 관련 동영상들이 많이 올라와 있으니 꼭 한번 챙겨 보길 권합니다.

그다음으로 아이에게 안전교육을 시작해보세요. 일단 가장 중요한 것은 상황별 대처요령입니다. 사고는 최대한 피하는 게 좋지만, 어쩔 수 없이 겪게 되는 사고도 분명히 존재합니다. 그렇기 때문에 반드시 상황별 대처요령을 알아두어야 피해를 줄일 수 있습니다. 교육이라고 해서 너무 딱딱하게 설명하기보다는, 놀이처럼 가족이 함께 상황별 대처요령을 익혀보세요.

예를 들어 지진이 일어났다는 상황을 가정해봅시다. 지진이 나면 문을 열고 밖으로 대피하거나, 대피가 어려울 땐 상대적으로 튼튼하고 물을 구하기 쉬운 화장실에 숨어야 하는데요. 이걸 놀이처럼 만들어 누가 먼저 대피하는지 시합해보세요. 숨는다면 어떤 자세로 머리를 보호하며 숨어야 하는지 몸을 움직여 실습해봐야 합니다. 안전교육은 이론보다는 결국 실습이 가장 중요하기 때문입니다.

안전교육은 어느 날 갑자기 단번에 끝낼 수 있는 게 아닙니다. 장기간의 계획을 세워 꾸준히 교육해나가야 하는데요. 여행을 갔을 때 그 여행지의 특성에 맞게 그때마다 안전교육을 시도해보세요. 바다나 강으로 여행 갔다면 물놀이 안전교육을, 대도시로 여행 갔다면 교통 · 시설물 안전교육을 해보는 거죠. 이런 안전교육 시간을 일부러라도 여행 일정에 넣어 가족이 다 같이 참여해야 순조로운 안전교육이 가능합니다.

만약 이런 안전교육이 너무 부담 된다면 안전체험관 같은 곳에 가서 체험해보는 것도 괜찮은 방법인데요. 그렇다고 해서 거기에 모든 걸 내맡기면 안 됩니다. 안전체험관 교육은 전문가에게 교육을 받는다는 점이 장점이지만, 일회성 교육이기 때문에 금방 잊어버리게 됩니다. 특히 아이들은 몸으로 대처법을 익히는 게 중요하기 때문에 반드시 반복해서 안전교육을 해야만 합니다.

아이가 초등학생 이상이라면 가족 안전교육을 진행하는 선생님 역할을 맡겨보세요. 그저 배우는 입장이 되면 수동적으로 변하기 마련이지만, 누군가를 가르칠 땐 적극적으로 변할 수밖에 없거든요. 학교나 체험관에서 배운 내용을 부모나 동생에게 가르치는 기회를 주면 모범을 보이게 됩니다. 때로는 가족의 안전을 위해 스스로 나서기도 할 겁니다. 그러다 보면 누구보다 든든한 꼬마 안전요원이 탄생해 우리 가족을 안전하게 이끄는 날이 올 수도 있겠죠?

안전한 여행을 위한 추가 Tip

앞서 국민재난안전포털(safekorea.go.kr)이라는 사이트를 소개했는데요. 행정안전부에서 만든 사이트이기에 신뢰할 만한 내용들이 많습니다. 특히 메뉴 가운데 '재난예방대비' 탭에 있는 행동요령들은 꼭 한 번 보면 좋습니다. PC가 불편하시면 앱스토어에서 '안전디딤돌'이라고 검색해보세요. 편하게 스마트폰 앱으로 확인할 수 있고, 지역별 재난 문자도 받아볼 수 있거든요. 해외로 여행 갈 땐 '해외안전여행 국민외교'라고 검색하면 외교부에서 만든 안전여행 앱을 찾을 수 있는데요. 해외에서 비상시 유용하게 활용할 수 있을 겁니다. 아이와 함께 가볼 만한 안전체험관은 서울시민안전체험관(보라매안전체험관, 광나루안전체험관)과 태백에 있는 365세이프타운이 대표적입니다. 지역별로도 몇 군데 있으니 네이버에 '안전체험관'이라고 검색하시고 가까운 곳을 인터넷으로 미리 예약한 다음 들르시는 게 좋습니다.

낯설고 힘든 여행이 남긴 유산
17

"모자라는 부분을 채워가는 것이 행복이다."

── 로버트 프로스트 ──

낯선 것의 두 얼굴

#1

여행은 필연적으로 낯선 곳으로 가게 됩니다. 낯선 곳에선 익숙하지 않기 때문에 시행착오도 많이 겪게 되고, 불안할 수밖에 없는데요. 그런데도 우린 왜 그렇게 자꾸 낯선 곳으로 향하는 걸까요? 영국 칼리지 런던대 연구팀은 사람이 모험이나 낯선 물건과 같이 새로운 것을 접할 때 뇌 영상을 촬영해보았습니다. 그랬더니 전방배쪽선조(anterior ventral striatum)라는 뇌 영역이 더욱 활성화되는 걸 발견했다고 해요.

전방배쪽선조는 정서적인 반응에 관여하는 부분입니다. 뇌의 이 부분이 활성화되면 사람을 행복하게 해주는 호르몬인 도파민의 분비가 늘어난다고 합니다. 도파민은 예측 가능한 상황에서는 분비되지 않는데요. 결국 새롭고 낯선 것을 접할 때 우린 행복감을 느낀다는 말이겠죠?

낯선 것은 우리에게 행복감을 느끼게 해주지만, 동시에 두려움도 함께 느끼게 합니다. 처음 보는 대상이 두려운 건 어떻게 보면 당연한 겁니다. 사람마다 다르겠지만 낯선 사람을 만났을 때 그 사람이 어떤 사람인지 알 수 없으니 자연스레 경계하게 되지요. 그러다 조금씩 친해지면 경계심이 사라지고 마음이 편해집니다. 그 사람의 매력을 알게 되면 행복해지기도 하고요.

여행하면서 만나는 낯선 것들도 대체로 이와 비슷한 과정을 거치게 됩니다. 처음엔 두렵고 경계심이 생기지만, 낯섦을 극복하고 친해지게 되면 다음은 쉽지요. 어른들은 그런 경험을 많이 해봤기 때문에 어려움 없이 적응할 수 있지만, 아이들은 그렇지 않습니다. 어른이 느끼는 것보다 더 큰 두려움을 느끼기에 처음엔 어른들의 도움이 필요합니다.

여행은 낯섦을 극복하고 즐기는 용기
#2
　　　　　그럼 어떻게 도와줘야 할까요? 앞서 '아이 여행, 제대로 도와주자'에서 아이에게 도움을 주는 단계를 설명했는데요.

그 단계를 그대로 적용할 수 있습니다.

시범 보이기 → 기회 주기 → 같이 해보기 → 기회 주기 → 지켜보기, 격려하기

만약 낯선 여행지에서 처음 보는 사람에게 길을 묻는다면 어떻게 해야 할까요? 우선 아이 앞에서 시범을 보여야 합니다. 어떤 식으로 사람에게 다가가 인사하고, 어떤 자세로 물어보고 도움을 받을 수 있는지 보여주는 거죠. 물론 스마트폰으로 간단히 길을 찾을 수도 있겠지만, 그렇게 해서는 낯선 것을 극복하기 어렵습니다. 오히려 피하는 모습을 보이게 되어, 아이도 쉽고 편한 방식만 찾게 될 겁니다.

아이 앞에서 낯섦을 극복하는 모습을 충분히 보여줬다면 다음 단계인 기회 주기로 넘어갑니다. 아이가 직접 물어보게 하는 거죠. 하지만 잘 안 될 겁니다. 아이가 너무 두려워한다면, 함께 해보는 것도 좋습니다. 같이 물어보며 자신감을 키운 후 다시 기회를 주세요. 한두 번만 자기 힘으로 해내고 나면 금방 적응하게 됩니다. 이제부턴 지켜보면서 격려해주는 일만 남습니다.

그런데 굳이 아이들에게 이렇게까지 하면서 낯섦을 극복하게 만드는 이유는 뭘까요? 그냥 살아도 괜찮을 텐데 괜히 힘들게 괴롭히는 것 같나요? 저는 여행을 단순히 놀러 갔다 오는 활동이라고 생각하지 않습니다. 그저 다녀오는 거라면 힘들게 이럴 필요도 없지요. 하지만 여행은 사람을 성장으로 이끄는 가장 확실한 방법입니다. 옛 수행자들은 여행하면서 자기 자신을 돌아보았습니다. 지금, 이 순간에도 수없이 많은 사람이 여행하며 달라지고 있습니다.

여행은 교육을 위한 좋은 방법이 될 수 있습니다. 모두를 성장으로 이끌 순 없지만, 모두에게 성장의 기회는 줄 수 있습니다. 특히 낯선 것을 극복하는 과정에서 생긴 자신감은 지금의 자신감을 넘어 앞으로 해야 할 일들에 대한 자신감으로 이어집니다. 그런 자신감이 충만해졌을 때 스스로에 대해 생각하게 되고, 내가 원하는 것에 대한 진지한 탐구가 시작됩니다. 사람이 달라지기 위해선 계기가 필요합니다. 아무것도 하지 않고, 아무 일도 일어나지 않는다면, 달라지는 건 없습니다. 새롭고 낯선 것을 극복하고, 그것과 친해지는 용기를 배우지 못한다면 우린 자라지 못할 겁니다.

여행은 낯섦을 극복하고 즐기는 용기입니다. 낯선 것에서 자기 자신을 발견하고, 그것을 극복하면서 살아갈 용기를 얻습니다. 아이가 되어 생각해보세요. 일상의 지루한 트랙을 돌며 학교, 학원, 집을 매일 오가는 아이들이 정말 원하는 건 무엇일까요? 정말 필요한 건 무엇일까요? 한번 진지하게 생각해봐야 할 일입니다.

중급 여행의 기술 1 : 시련에 대한 면역력 키우기
#3

　　　우리에게 시련은 어떤 의미인가요? 철학자 니체는 이런 말을 했다고 합니다.

> "나를 죽이지 못한 모든 시련은 나를 한층 더 강하게 만든다.
> 살아 있는 한, 나는 점점 더 강해질 것이다."

굳이 니체의 이야기를 인용하지 않더라도, 우리 주변의 고생한 사람들의 이야기를 들어보면 금방 알 수 있습니다. 시련은 우리를 강하게 만들고, 우리는 시련을 이겨내면서 성장합니다.

그런데 왜 하필 아이와 함께 가는 여행에 시련이 필요한 걸까요? 요즘 아이들의 삶을 잘 살펴보면 알 수 있습니다. 어떤 아이들은 부모님의 보살핌 아래 힘들고 어려운 일 한번 겪지 않고 사는 반면 또 어떤 아이들은 가정불화나 학교폭력 같은 견디기 힘든 시련을 겪으며 살고 있습니다. 힘든 줄 모르고 귀하게 자라는 것도 문제이고, 너무 힘든 것도 문제입니다. 귀하게 자란 아이가 언제까지나 시련 없이 자랄 수 있을까요? 인간은 언젠가는 시련을 겪게 됩니다. 과연 그때 그걸 감당할 수 있을까요? 너무 심한 시련에 짓눌린 아이는 두말할 것 없지요. 그러니 그런 시련이 닥쳤을 때 이겨낼 수 있는 면역력을 길러주는 교육을 해야 합니다.

시련에 대한 면역력, 어떻게 기를 수 있을까요? 적당한 시련을 겪어야 합니다. 노력하면 충분히 이겨낼 수 있는 그런 시련 말이죠. 저는 여행이야말로 적당한 시련을 겪을 수 있는 가장 좋은 방법이라고 생각합니다. 사실 지금처럼 여행이 여가활동이 되기 전에는 여기저기 떠돌아다니는 일을 고행으로 여겼습니다. 마땅한 교통수단이 없어 항상 걸어 다녀야 했던 옛사람들에게 여행은 곧 시련이었고, 도 닦는 사람들이나 하는 수행이었습니다.

그러니 어쩌면 여행이 고생스러운 건 당연한 걸 겁니다. 집 나가면 고생이라는 말이 있듯이 어디라도 떠나게 되면 일단 고생 시작입니다. 하지만 그런 고생이 견디기 힘들 정도로 심각한 고생은 아닙니다. 요즘은 워낙 여행할 수 있는 기반이 잘되어 있어 오히려 고생하려면 일부러 어떤 활동을 해야 하는 상황이니까요.

그럼 무작정 어딘가로 가서 고생만 하면 되는 걸까요? 아무런 계획도, 생각도 없이 겪는 고생을 생고생이라 하죠. 하지 않아도 되는 공연한 고생을 말합니다. 아이와 함께 여행할 땐 하나의 목표를 두고, 그 목표를 이루기 위해 느리게, 그리고 자기 힘으로 여행해야 합니다. 이런 여행으로는 역시나 몸으로 하는 여행이 최고죠.

걷기여행이나 배낭여행은 적당한 시련을 겪기에 가장 좋은 여행입니다. 그 시련을 이겨내고 나면 성취했다는 뿌듯함과 함께 뭐든지 할 수 있다는 자신감도 얻을 수 있거든요. 아이와 함께 걷기여행, 배낭여행을 떠나보세요. 아이가 아직 어리다면 장기적으로 계획을 세워서 하나씩 준비해나가면 좋겠습니다. 함께 떠나기 적당한 나이(초등학교 4학년 이상)라면 당장 이번 방학 때부터라도 시간을 내어 시작해보세요.

중급 여행의 기술 2 : 시련노트 작성하기
#4

우리는 본능적으로 낯설고 힘든 것들을 피하려고 합니다. 그래야 우리 자신을 보호할 수 있다고 믿기 때문입니다. 하지만 낯선 것과 부딪치고 힘든 걸 이겨내야 우린 성장합니다. 그렇기에 낯설고 힘든 걸 알면서도 도전하고 행동하는 거죠. 그런데 익숙하지 않은 것, 우릴 피곤하게 하는 것들은 대체로 현실보다 마음속에서 더 크게 느껴집니다. 막상 겪어보면 별게 아닌데, 막연히 상상하고 아무렇게나 생각해버리면 더 부담스러워지는 거죠.

여행하면서 겪을 또는 겪었던 시련을 노트에 적어보세요. 글로 쓰거나 그림으로 그려보면 시련의 실체를 어느 정도 가늠할 수 있습니다. 그래서 이렇게 구체화해 적어보는 것만으로도 부담을 덜 수 있게 됩니다. 기록하고 정리하다 보면 자연스럽게 해결책을 찾게 되고, 그 모든 과정이 결국 우리의 성장 과정이 됩니다.

만약, 아이와 함께 이번 여름방학 때 걷기여행을 하기로 했다면 시련노트에 도전과제들을 구체적으로 쭉 적어보세요. '휴대폰과 지도 없이 목적지 찾아가기', '걷다 마주치는 사람과 인사하기', '물 안 마시고 30분 동안 걷기', '별이 잘 보이는 언덕에 오르기' 같은 목표를 시련노트에 적고 난이도에 따라 구분해보세요. 제일 쉬운 목표는 별 한 개, 가장 어려운 목표는 별 다섯 개 이런 식으로 점수를 정한 뒤 걷기여행을 시작합니다. 가는 동안 목표를 완수하면 난이도에 따라 별을 획득하게 되는데, 이 모든 걸 시련노트에 자세히 기록합니다.

별을 어느 정도 모으면 레벨업을 할 수 있는데요, 특정 레벨로 올라가면 칭호를 붙여줍니다. '매의 눈을 가진 자', '인내의

신', '여름 사냥꾼', '초보 탐험가' 같은 이름을 붙여주어 한 단계 성장했음을 느낄 수 있게 하는 거죠. 도전이 끝나면 가족들끼리 모여 축하하는 시간을 갖고 도전하는 동안 어떤 생각이 들었는지 이야기해봅니다. 이걸 꼼꼼히 적어두면 여행일지를 쓸 때도 도움이 되니 사소한 이야기라도 잘 기록해두는 게 좋습니다.

이렇게 시련노트를 이용해 게임처럼 진행하면 낯설고 힘든 것들도 재미있는 놀이의 대상이 될 수 있습니다. 물론, 처음에 구조를 만들고 재미를 붙이게 하는 게 어렵습니다. 하지만 한 번만 제대로 시작하면 어떤 어려움도 즐길 수 있는 용기를 얻을 수 있으니 도전해볼 만한 일이겠죠?

고생스러운 여행이 남긴 유산
#5
        아이와 함께 시련을 이겨내는 여행을 할 때 부모는 다음 두 가지 생각을 마음속에 떠올려야 합니다. 하나는 이번 여행을 통해 겪는 모든 시련은 내가 선택한 것이라는 겁니다. 아이와 함께 걷기여행을 떠나기로 했다면, 그 여행에서 겪는 시련의 원인은 결국 나의 선택입니다. 아이가 힘들다고 보채거나, 내가 너무 힘들 때 누굴 탓할 필요가 없습니다. 하지만 성인군자가 아닌 이상 누구라도 평소에 하던 대로 하게 됩니다. 그럴 때 의식적으로 알아차려 보세요. 지금, 이 고생은 내가 선택한 고생이라는 걸요.

또 다른 하나는 아이가 나를 보고 있다는 겁니다. 어렵고 힘들 때 내가 어떤 선택을 하고, 어떻게 행동하는지 아이는 지켜보고 있습니다. 그 순간 이걸 알아차리면 조금 다른 선택을 할 수 있지 않을까요? 내가 힘들어도 아이를 북돋아 주고, 격려하는 모습을 보인다면 아이는 그 선택과 행동을 내면화하게 됩니다. 그러다 똑같은 상황이 되었을 때 아이는 알게 됩니다. 나의 부모가 얼마니 힘든 신택을 했는시. 이럴 땐 이렇게 해야 한다고 백번 말해도 소용없습니다. 아이들은 말보다 행동이 더 진실에 가깝다는 걸 알고 있거든요. 행동을 보고 배우게 되어 있습니다.

교육은 거대한 계획이 아니라 순간의 선택을 가르쳐주는 일이라고 생각합니다. 어떤 지식보다 어떤 지혜를 알려줄 때 아이는 행복에 더 가까워질 수 있습니다. 무더운 여름, 땀을 뻘뻘 흘리며 어딘가를 걷고, 무거운 배낭을 메고 만원 버스를 타는 시련을 통해 아이는 깨닫게 됩니다. 그동안 내가 누린 일상이 얼마나 고마운 것이었는지. 그리고 확인합니다. 그 시련을 이겨내는 자신의 모습을 통해 자기 능력이 어디까지인지 알게 됩니다. 마침내 느낍니다. 나는 어떤 일이든 해낼 수 있다는 자신감을 말이죠. 이 모든 것들이 결국 고생스러운 여행이 남긴 유산입니다.

시련의 정체를 밝혀줄 시련노트

혹시 궁금하시거나, 실천하실 분들을 위해 시련노트 양식을 첨부해 봅니다. 도전과제와 칭호 같은 부분은 가족들끼리 의논해 조정하는 게 어떨까 싶습니다. 되도록 아이가 확인하고 체크하도록 하는 게 좋겠죠? 파이팅입니다!

걷기여행	년 월 일	난이도	시련을 이겨낸 자
도 전 과 제	휴대폰과 지도 없이 목적지 찾아가기	★★★★	엄마, 아빠, 나, 동생
	걷다 마주치는 사람과 인사하기 (2회)	★★	엄마, 아빠, 나, 동생
	혼자 슈퍼에서 물건 사오기	★	엄마, 아빠, 나, 동생
	오르막길 쉬지 않고 2번 통과하기	★★★	엄마, 아빠, 나, 동생
	물 안 마시고 30분 동안 걷기	★★	엄마, 아빠, 나, 동생
	모르는 사람에게 길 물어보기 (2회)	★★★	엄마, 아빠, 나, 동생
	힘든 사람 배낭 30분 동안 들어주기	★★	엄마, 아빠, 나, 동생
	별 보이는 언덕에 오르기	★★★★	엄마, 아빠, 나, 동생

도전자	별 점수 현황	레벨	칭호
엄마	★★★★★★★★★★	Lv. 10	인내의 신
아빠	★★★★★	Lv. 5	여름 사냥꾼
나	★★★★★★★	Lv. 7	매의 눈을 가진 자
동생	★★★	Lv. 3	초보 탐험가

고급

여행은 함께
시간을 보내는 행복

코드명 노마드, 우리 가족 행복 프로젝트
18

"계획을 세우지 않는 것은 실패할 계획을 세우는 것과 같다."

— 벤저민 프랭클린 —

아이와의 여행은 장기 프로젝트

#1

　　얼마 전 TV 방송국에서 저에게 연락이 왔습니다. 다큐 프로그램을 제작하려 하는데 어떤 식으로 진행하면 좋을지 자문을 구하고 싶다고 했지요. 다큐 주제는 '아이와 여행하는 법'이었습니다. 그 프로그램 제작과 관련해 이야기를 나누다 보니 생각보다 많은 분들이 아이와 여행하는 데 큰 관심을 갖고 있다는 걸 알게 되었습니다. 그런데 관심은 많지만 구체적으로 어떻게 여행할지 계획을 세우고 있는 사람은 드물었습니다. 정말 확신을 가지고 적극적으로 시도하고 있는 몇몇 분들의 사례를 제외하고는 대부분 어디로 가고, 가서 뭘 할지만 고민하는 정도였지요.

저는 여행이 교육이 되려면 장기적인 계획이 필요하다고 생각합니다. 어느 날 갑자기 여행을 다녀온다고 해서 그게 제대로 된 교육이 될지는 의문이거든요. 교육은 장기적인 계획에 따라 꾸준히 이루어져야 합니다. 아이 키우는 일도 하루이틀만에 끝나는 게 아니듯 교육도 금방 어떻게 해결되는 문제는 아니지요.

그럼 장기적인 계획을 세울 때 가장 중요한 기준은 뭘까요? 저는 아이의 나이를 기준으로 두는 편입니다. 학교의 교육과정도 아이들의 나이에 따라 구성되어 있듯이 여행도 아이의 성장에 따라 다르게 계획되는 것이 좋습니다. 왜냐면 현실적으로 나이에 따라 할 수 있는 여행이 제한되어 있거든요. 그리고 여행을 통해 뭔가를 받아들이는 정도도 나이에 따라 다르기 때문입니다.

저는 아이의 나이에 어울리지 않게 여행을 떠나 고생하시는 분들을 꽤 많이 목격했습니다. 특히 너무 어린 나이의 아이를 데리고 해외로 나가 생고생하셨던 분들의 이야기는 참 많이 들었지요. 그러니 아이의 나이에 따라 장기적인 계획을 세울 필요가 있습니다. 이런 장기적인 계획이 없으면 상황에 맞춰서 때마다 그냥 놀러 가는 활동이 되거든요. 계획을 세워두면 잠깐 가는 여행도 일관성 있게 다녀올 수 있습니다. 계획 한번 세워볼까요?

고급 여행의 기술 1 : 1~3세 아이와 여행 간다면
#2

　　　1~3세 아이들은 많이 어리죠? 먹이고, 입히고, 재우는 것만 해도 힘듭니다. 종일 뒤치다꺼리하다 보면 시간 다 갑니다. 그래서 이 시기엔 아이보다 부모들이 더 여행 가고 싶어 하죠. 육아 스트레스 때문에 힘들고 답답하거든요. 어떤 분들은 아이를 데리고 해외로도 가고 하는데요. 저는 이 시기에 너무 멀리 가는 건 좋지 않다고 생각합니다.

　많은 육아책에 나오듯 태어나 세 살까지는 엄마와의 교감으로 성격이 형성되는 시기입니다. 심리학자들의 연구결과에 따르면 성격은 유전계수가 0.4 정도라고 해요. 아이의 성격을 형성하는 데는 유전적인 요인이 40% 정도 영향을 미친다는 이야기지요. 그럼 나머지 60%는 뭘까요? 그렇습니다. 바로 환경적인 요인입니다. 어린아이의 환경 가운데 가장 큰 영향을 미치는 것은 '부모의 심리상태'입니다.

　그러니 되도록 가깝고, 마음 편한 곳으로 여행 가시길 권합니다. 그래야 부모도 덜 힘들고, 아이도 안정감을 갖게 됩니다. 먼 곳으로 여행을 가면 필연적으로 어렵고 힘든 일을 겪게 되거든요. 그렇게 스트레스를 받으면 아이에게 전달되고, 다 같이 힘든 상황을 맞이하게 됩니다. 물론 예외도 있습니다. 부모가 여행을 떠나지 않으면 견딜 수 없는 성향의 사람이라면 멀리

가는 게 부모 마음을 안정시키는 데 도움이 될지도 모릅니다.

하지만 대부분의 경우 아이가 어릴 땐 가까운 곳이 좋습니다. 또한 이 시기의 아이들과 여행을 떠날 땐 '어디를 가느냐'보다 '무엇을 하느냐'가 더 중요합니다. 어린 나이의 아이들은 여행 장소보다 여행지에서 했던 활동을 더 잘 기억하곤 합니다. 그러니 계획을 세울 때 항상 '가서 하고 싶은 활동'을 먼저 정하고, 그런 다음 '그 활동에 어울리는 곳'으로 여행을 떠나는 게 좋습니다.

고급 여행의 기술 2 : 4~8세 아이와 여행 간다면
#3

　　　4~8세 아이들은 이제 좀 컸다고 유세가 심합니다. 이리저리 뛰어다니기도 하고, 소리도 지르고, 반항도 하면서 존재감을 뽐내죠. 호기심도 넘쳐납니다. 호기심의 뜻을 사전에서 찾아보면 '새롭고 신기한 것을 좋아하거나 모르는 것을 알고 싶어 하는 마음'이라고 되어 있어요. 저는 이 시기의 아이들이야말로 호기심이라는 단어와 정말 어울리는 때라고 생각해요. 어른들에게 끝없이 뭔가를 물어보는데요. 이럴 때 우린 어떻게 해야 할까요? 앞서 '호기심에 대처하는 우리의 자세'에서 다루었듯이 아이가 호기심을 보일 땐 역으로 질문하고, 함께 알아보는 과정을 거칠 필요가 있습니다.

그럼, 이 시기에 가장 어울리는 여행은 뭘까요? 저는 호기심 넘치는 아이들일수록 자연 속에서 뛰어놀아야 한다고 생각합니다. 늘 변화하는 자연 속에서는 새롭고 신기한 것들을 만지고, 경험할 기회가 넘쳐나기 때문입니다. 그러니 캠핑장이든 계곡이든 자연 속에서 놀 수 있는 여행이 이 시기의 아이들에게 가장 잘 어울립니다.

조금 컸으니 이제 본격적으로 여행을 시작할 때지만 그렇더라도 우선은 가까운 곳이 좋습니다. 아이도 적응을 해야 하고, 너무 멀리 가게 되면 가느라 진이 다 빠지기도 하거든요. 흥미로운 이야기가 있거나, 자연과 가까운 곳으로 떠나보세요. 이동하는 데 시간을 들이기보단, 부담 없는 곳에서 놀이를 하거나 신기한 걸 찾아다니는 여행이 필요한 시기입니다.

고급 여행의 기술 3 : 9~14세 아이와 여행 간다면
#4

9~14세 아이들이면 초등학생이죠? 이 시기의 아이들은 부모로부터 벗어나려고 용쓰다가도, 소홀하면 서운해하는 모순된 모습을 보입니다. 또래들끼리 노는 데 목숨 거는 것도 이때쯤 시작합니다. 이제는 재미있는 것만 찾아다니기보단 재미와 의미의 균형이 필요한 때인데요. 그렇더라도 시작은 재미가 있어야 합니다. 그런 과정에서 의미를 알아가면 가장 좋고요.

초등학교 2학년 아이들과 함안 여행을 갔을 때였습니다. 함안에는 입곡군립공원이라는 곳이 있는데요. 가을에 가면 멋진 단풍길을 걸어볼 수 있습니다. 사실 제가 처음 갔을 때만 해도 잘 알려지지 않은 곳이었는데, 지금은 소문이 나서 사람들이 가득합니다. 경치는 좋지만 어떻게 보면 복잡하고 놀 거리도 별로 없는 곳인데, 아이들은 거기서도 즐길 거리를 찾아내더라고요.

길에 있는 이름 모를 풀을 가져와 돌로 찧어서 음식이라며 만들더니, 그 음식이란 것들을 섞어 비빔밥도 만들었어요. 음료와 디저트까지 만들었지요. 제가 너무너무 맛있어 보인다고 하니깐 아주 좋아했습니다. 그러다 길 옆에 있는 이름 모르는 사람의 무덤을 보고 여기 이분께 바치면 어떨까 하고 제안했는데요. 아이들은 제 제안이 솔깃했는지 그 무덤 앞에 자기들이 만든 음식을 정성스럽게 바쳤어요. 그러더니 자발적으로 다 같이 공손하게 절까지 했습니다. 어디서 본 건 있어서겠죠? 아이들은 이 일을 여행일지에 적었고, 아주 의미 있었다고 평가했지요.

이렇게 재미로 시작한 일 속에서 자연스레 의미를 찾아보는 게 좋습니다. 사실 초등학교 땐 체험학습이라는 이름으로 많은 곳을 다니게 되는데요. 대개 너무 학습 위주로 흐르다 보니 흥미만 떨어지는 경우가 많습니다. 이 시기 여행의 목표는 재미와 의미의 균형이니, 이걸 항상 염두에 두고 역사와 문화를 배울 수 있는 체험거리를 찾아가 보세요.

  초등학교 저학년일 땐 가까운 곳을 돌아보다가 4학년 이상이 되면 먼 곳으로 갈 수 있게 되니, 이때는 거리보다는 주제에 따라 여행하는 게 더 낫습니다. 4학년부터는 여행의 주도권을 아이에게 넘겨주면서 아이 주도 여행을 시작해보세요.

고급 여행의 기술 4 : 15~19세 아이와 여행 간다면
#5

          15~19세 청소년 아이들과 여행 간다면 무엇에 집중해야 할까요? 이 시기 아이들과 떠나는 여행의 목표는 '다양한 경험'을 하고 '생각할 시간'을 갖는 것입니다. 한창 예민하고 무기력해지기 쉬운 시기이기에 불안감이 커지는 때이기도 한데요. 그렇기에 낯선 곳에서 다양한 경험을 해봐야 합니다. 폭넓은 경험은 자기 자신의 능력을 확인하는 계기가 되고, 자신감을 불어넣어 주기 때문입니다. 스스로에 대한 믿음이 커져야 불안감을 떨쳐내고, 새로운 생각에 가 닿을 수 있게 되는데요. 이때 생각할 시간을 충분히 준다면 자기 진로에 대해 진지하게 고민하기 시작할 겁니다.

  청소년 아이와 여행 간다면, 거리 관계없이 먼 곳으로, 장기간 다녀오는 것도 가능합니다. 다만 이때의 아이들과는 목적에 따라 다르게 여행할 필요가 있는데요. 아이와의 관계를 회복하거나 돈독히 하고 싶다면 걷기여행이나 캠핑을 가는 게 좋고요, 경험을 쌓게 하고 싶다면 해외로 배낭여행을 떠나보는 게 좋습니다.

우리 가족 행복 프로젝트
#6

이렇게 아이의 나이에 따라 어떤 식으로 여행할지 계획을 세워봤는데요, 이걸 꼭 이런 식으로 해야 한다고 정해진 건 아닙니다. 상황에 따라 아이의 기질에 따라 유연하게 바꿔서 계획을 세우면 될 것 같아요. 계획은 말 그대로 계획일 뿐이니까요. 다만 전체적인 흐름은 이렇게 흘러가도록 미리 정해두는 게 좋습니다.

그런데 이렇게 계획 세워놓고 여행하려고 하면 다른 사람들이 여행 가는 게 눈에 들어옵니다. 옆집에 누구는 유럽 갔다더라, 아랫집에 누구는 호주 갔다던데, 윗집에 누구는 아예 미국으로 어학연수를 보내버렸다더라, 이런 이야기가 우릴 불안하게 하는데요. 제 경험상 어디 좀 못 가봤다고 문제가 되는 경우는 거의 없었습니다.

고급 | 여행은 함께 시간을 보내는 행복

아이 나이	여행을 계획할 때 기억해둡시다!
1~3세	되도록 가깝고 마음 편한 곳으로 여행을 떠나자! '어디를 가느냐'보다 '무엇을 하느냐'가 더 중요하다.
4~8세	호기심을 자극하는 이야기가 있거나 자연과 가까운 곳으로! 부담 없는 곳에서 놀거나, 신기한 걸 찾아다니는 여행이 필요하다.
9~14세	재미와 의미의 균형, 역사와 문화를 배울 수 있는 체험거리 필요! 초등학교 4학년부터는 아이 주도 여행을 시작해보자.
15~19세	여행 목적에 따라 걷기여행이나 캠핑, 배낭여행을 추천! 다양한 경험을 하고 생각할 시간을 가지는 여행이 필요하다.
20세 이후	부모는 부모의 여행을, 아이도 스스로 떠날 수 있게 격려! 자원봉사 여행이나 해외 배낭여행을 추천하고 응원한다.

가보고 안 가보고가 중요한 게 아니라 아이 상황에 맞게 적절한 때에 어떤 식으로 여행을 하는지가 더 중요하거든요. 다른 사람을 의식하거나 따라 하지 않고 자기 페이스를 유지하다 보면, 어느 순간 우리 가족 행복 프로젝트가 멋지게 완성되어 있을 겁니다.

걷기 시작하는 순간 행복해진다
19

"진정 위대한 모든 생각은 걷기로부터 나온다."

— 프리드리히 니체 —

행복과 걷기의 관계
#1

평소 걷는 것을 즐겼던 영국의 유명한 소설가 찰스 디킨스는 "걸어라. 그리고 행복해져라. 그래서 건강해져라"라는 말을 했다고 합니다. 그의 말처럼 걷기는 행복과 연결이 되고, 동시에 건강으로 이어집니다. 걷기 시작하면 엔도르핀이 분비되고, 스트레스 호르몬인 코르티솔 수치가 낮아진다고 하는데요. 여기에 각성제 역할을 하는 암페타민의 분비가 활발해진다고 합니다. 한마디로 걸으면 기분이 좋아지고, 우울함에서 벗어날 수 있다는 거죠.

특히 햇빛을 받으며 걷게 되면, 뇌 속의 신경전달물질인 세로토닌의 분비가 늘어나는데, 세로토닌을 흔히 행복물질이라고 부릅니다. 정신과 의사로 유명한 이시형 박사는 세로토닌이 분비되면 극단적인 행동이 줄어들고, 기억력과 창조성이 발휘되며, 생기와 의욕이 증가한다고 이야기하는데요. '잘 걷기만 해도 행복해진다'고 하며 걷기를 적극 권합니다.

이처럼 걷기는 행복해지기 위한 좋은 방법입니다. 그럼에도 불구하고 오늘날 현대인들은 하루에 4킬로미터도 걷지 못한다고 합니다. 걷는 양이 부족하니 따로 운동을 해야 하고, 운동을 하지 않으면 건강에 문제가 생기기도 하는데요. 편하게 차를 타고 다니는 게 마냥 좋은 일은 아닌 거죠.

이건 아이들도 마찬가지입니다. 열심히 뛰고 걷고 하면서 몸을 움직여야 하는 시기에 이리저리 차를 타고 다니며 공부만 하니 자연스레 체력이 떨어집니다. 요즘은 계단 오르는 것조차 힘들어하는 아이들이 있는 걸 보면 생각보다 심각합니다. 체력이 떨어진 아이들은 무슨 일을 하자고 해도 귀찮아하고 갈수록 무기력해지게 됩니다.

그래서 무기력해진 아이들 가운데 운동을 시작하면 괜찮아지는 경우가 꽤 있는데요. 가장 쉽게 시작할 수 있고 꾸준히 할 수 있는 운동이 바로 걷기입니다. 단지 걷는 것만으로 무기력에서 벗어나 아이다운 모습으로 생활할 수 있다면 시작해볼 만하지 않을까요?

고급 여행의 기술 1 : 아이와 함께 걷기여행 준비하기
#2

　　　　아이와 걷기여행을 시작하는 게 쉬운 일은 아닙니다. 일단은 '이렇게 힘든 여행을 아이와 할 수 있을까?' 하고 걱정하는 부모의 마음부터 걸림돌이 됩니다. 어떻게 해서 그 걸림돌을 넘어선다고 해도, 이번엔 아이가 귀찮다고 하거나 싫다고 하면 금방 포기하게 됩니다. '굳이 이렇게까지 해야 하나'라는 생각이 들면 시작도 못 해보고 끝나게 되죠. 사실 걱정이 되는 건 당연한 일입니다. 걱정이 안 된다면 그게 오히려 이상한 일입니다.

　하지만 걱정의 근본은 사랑입니다. 수많은 사람들이 아이와 걷기여행을 했고, 그들 가운데 대다수가 걷기여행이야말로 아이를 성장시키는 일이라고 말합니다. 그들은 과연 걱정이 없었을까요? 사랑이 없었을까요? 아닙니다. 걱정되지만 자기만의 교육철학으로 부모의 사랑을 그렇게 표현했다고 생각합니다. 시간을 내서 아이와 함께 어딘가를 걷는다는 것 자체가 사랑한다 말하는 겁니다.

　아이가 귀찮다고 하거나 싫다고 할 땐 어떻게 해야 할까요? 대개 그런 경우 너무 급하게 아이를 설득하려 했기 때문에 그렇게 됩니다. 아이 입장에선 당연히 다리 아프게 계속 걷는다는데 싫겠지요. 그냥 차를 타고 가면 되는데 왜 걸어야 하는지 이해도 안 됩니다. 시간이 필요합니다. 아주 천천히 시도해보세요. 걷기여행을 하는 사람들의 다큐멘터리를 같이 봐도 좋고요, 모험을 떠난다는 콘셉트로 게임처럼 시작해도 좋습니다. 때로는 적절한 보상을 약속하는 것도 한 방법입니다.

아이가 조금이라도 해보겠다는 마음을 낸다면 함께 계획을 세우는 일부터 시작해보세요. 인터넷에 있는 걷기여행길 코스를 찾아 걷기여행길 월드컵을 진행하는 건 어떨까요? 진짜 월드컵은 아니고요, 월드컵처럼 토너먼트 형식으로 걷기여행길을 비교해서 마지막까지 살아남는 길로 정하는 거죠. 첫 여행이니 난이도가 낮은 숲길 가운데 하나로 정해지도록 분위기를 이끄는 게 좋습니다.

걷기여행길이 정해졌다면, 날짜와 시간을 정하고, 준비물을 챙겨야 합니다. 걷기여행은 배낭여행이 아닙니다. 캠핑도 아니고요. 그러니 짐은 최대한 가볍게 하되, 정말 필요한 것들은 작은 배낭에 챙겨서 가야 합니다. 챙기는 건 누가 할까요? 그렇죠. 부모와 아이가 함께 챙기되 아이가 주도할 수 있게 기회를 주세요.

무엇을 챙겨야 할까요? 그저 몇 시간 걷는 거라면 거의 아무것도 필요 없지만, 혹시 모르니 물과 비상약 정도는 준비하는 게 좋습니다. 만약 하루 종일 걷는다면, 식당을 못 찾을 수도 있습니다. 그러니 빵이나 과일 같은 비상식량과 초콜릿, 사탕 같은 것도 챙길 필요가 있죠. 1박 이상 걷는다면 복장부터 달리해야 합니다. 비를 맞아도 금방 마르는 등산복 같은 복장에 편한 신발은 기본입니다. 모자나 장갑, 손전등, 우의도 필요합니다. 때로는 우산이 더 편할 때도 있으니 챙기면 좋겠지요. 그 외 필요한 게 있다면 준비해야겠지만 무게와 부피를 고려해야 합니다. 너무 무거우면 정말 지옥훈련이 될지도 모르거든요.

고급 여행의 기술 2 : 본격적인 걷기여행의 시작!
#3

　　　　본격적으로 걷기여행을 떠나기 전에 우선은 연습이 필요합니다. 정말 걷기여행을 한다고 생각하고 아이와 함께 동네를 걸어보세요. 매일 산책 코스를 돌며 조금씩 거리를 늘려가다 보면 체력이 길러집니다. 걷기여행을 가기로 한 날짜가 다가오면, 실제로 배낭을 메고 걸어보는 게 좋습니다. 그렇게 해야 적당한 무게의 배낭으로 걷기여행을 시작할 수 있기 때문입니다. 사실 야영을 하는 게 아니라면 짐은 최소화하는 게 좋고요. 대신 밥은 식당에서 먹고, 잠은 숙소에서 자면 됩니다. 걷는 것에 집중해서 계획한 거리까지 가는 게 목적이니 다른 일에 시간과 노력을 들일 필요는 없습니다.

　실제 아이와 함께 걷기여행을 시작하면 스마트폰은 끄고, 지도를 펼치는 게 가장 먼저 해야 할 일입니다. 그런 다음 지도에 오늘 걸어야 할 길을 표시하고, 아이가 그 길을 찾아가도록 해보세요. 걷기여행은 처음엔 기대가 되지만, 시간이 지날수록 반복되는 패턴에 지루해지기 쉽습니다. 그렇기에 아이가 그저 부모를 따라만 가게 해서는 성공하기 어렵습니다.

아이가 의욕적으로 나서고 여행을 통해 많은 것을 배우길 원한다면 아이가 이끌도록 해야 합니다. 앞장서서 지도에 표시된 길을 찾고, 모르면 누군가에게 물어보도록 분위기를 만들어보세요. 물론 처음이라면 아이 앞에서 시범을 먼저 보여줄 필요는 있습니다. 지도는 어떻게 봐야 하는지, 물어볼 땐 어떤 식으로 사람들에게 다가가야 하는지 보여주세요. 아이와 함께할 땐 항상 말보다는 행동을 먼저 하는 게 좋습니다. 그래야 신뢰를 얻을 수 있고, 신뢰를 얻어야 아이와 소통할 수 있기 때문입니다.

고급 여행의 기술 3 : 성공적인 걷기여행을 위한 핵심 팁 #4

다만 아이와 함께 걷기여행을 할 때 꼭 지켜야 할 게 있습니다. 그건 바로 안전입니다. 그 어떤 것보다 안전이 최우선입니다. 하지만 우리는 가끔 착각할 때가 있습니다. 어떤 착각이냐고요? 어른이 아이의 일을 대신 해주거나 보호해주면, 안전할 거라는 착각입니다. 어른으로서 당연히 아이를 지켜야겠지만, 아이의 안전을 위해 모든 것을 다 해주면, 나중에 오히려 문제가 생깁니다.

여행할 때뿐만 아니라 일상생활에서도 어른이 항상 아이와 함께 있을 순 없거든요. 때로는 피치 못할 사정이 생기고, 그로 인해 아이가 혼자 떨어지는 경우도 생깁니다. 그땐 어떻게 해야 하나요? 안전에 관한 모든 걸 어른에게 의존했던 아이는 위험에 빠질 수밖에 없죠. 그러니 안전교육을 반드시 해야 합니다. 아이가 스스로 자신의 안전을 지킬 수 있도록 꾸준히 연습하고, 일깨워 주는 과정을 거쳐야 합니다.

걷기여행을 할 땐 숲길을 걷는 경우도 있지만, 대부분 국도 주변을 따라 걷게 됩니다. 그러면 가장 위험한 게 바로 차량입니다. 차들이 씽씽 달리는 도로의 좁은 갓길을 따라 걸어가니 자칫하면 사고가 날 수도 있지요. 되도록 인도로 다니되 인도가 없는 코스에선 항상 주위를 살피며 걸어야 합니다.

그리고 체력이 너무 떨어지게 되면 집중력도 함께 떨어져 위험할 수 있으니, 일정 시간 걷고 나면 반드시 쉬어주는 게 좋습니다. 만약 1시간 정도 걸었다면 10분 쉬고, 다시 1시간을 걷고 10분 쉬면서 규칙적으로 쉬어주세요. 쉬는 시간엔 물을 마셔 수분을 보충해줘야 하는데, 이온음료를 마시는 것도 괜찮습니다. 걷는 동안 땀을 흘리면 수분뿐만 아니라 무기질, 전해질이 함께 빠져나가기 때문에 이온음료로 보충해줄 필요가 있죠.

　걸을 때 가장 중요한 것은 자세와 리듬 그리고 분위기입니다. 자세가 기울어지거나 어깨를 움츠린 채로 땅을 보면서 걷게 되면, 힘도 많이 들고 금방 피곤해집니다. 어깨를 펴고 주변 풍경을 보면서 편안한 자세로 걷는 게 좋은데요. 속으로 하나, 둘, 셋, 하나, 둘, 셋을 세며 리듬감 있게 걸으면 속도도 붙고 오랜 시간 걸을 수 있습니다.

　또한 아이와 함께 걷기여행을 할 땐 아이와 대화도 하고, 이런저런 농담을 주고받으며 분위기를 부드럽게 만들어야 합니다. 안 그래도 힘든데 분위기마저 가라앉으면 더 힘들게 되거든요. 좋은 분위기를 유지해야 끝까지 완주할 힘이 생깁니다. 그리고 만약 누군가 몸이 아프거나 날씨가 너무 안 좋다면 과감하게 포기할 줄도 알아야 합니다. 무리하게 강행하면 분위기도 안 좋아지지만, 무엇보다 위험해질 수 있기 때문입니다.

걷기여행으로 성장하기
#5
　　　　인생 전체를 두고 봤을 때, 부모가 아이와 함께 걸을 수 있는 시간은 얼마나 될까요? 아마 많지 않을 겁니다. 아이는 생각보다 빨리 크고, 사랑스러운 시간은 예상보다 금방 지나갑니다. 시간을 내어 아이와 함께 어딘가를 걷는 것처럼 소중한 일이 또 있을까요? 길가에 핀 꽃을 보며 즐거워하고, 맑은 하늘 아래 한 발 한 발 내딛다 보면, 행복은 우리가 걸을 때 뒤따라오는 나비 같은 것임을 알게 됩니다. 부모와 아이 모두 그 아름답고도 험난한 길 위에서 서로를 향해 걷게 될 겁니다. 바람이 불고, 나비가 날아오면, 사랑하는 사람들의 발걸음이 조금 가벼워지고, 또 조금씩 성장할 것이라 믿습니다. 반드시 그럴 거라 확신합니다.

맛있는 여행이 행복한 이유
20

"우리가 먹는 것이 곧 우리 자신이 된다."

― 히포크라테스 ―

대세를 넘어 일상이 된 맛집여행
#1

지금 당장 TV를 켜보세요. 채널을 잠시만 돌리면, 분명 누군가 맛있는 걸 먹고 있을 겁니다. 그 장면을 5분만 지켜보면 동네 맛집으로 전화하고 있는 자신의 모습을 발견하게 될지도 모릅니다. 맛집여행의 시대입니다. 저는 어느 순간 맛집 열풍이 불고, TV에도 맛집 순례 프로그램들이 쏟아져 나와서 '또 저러다 말겠지' 하고 생각했는데 그게 아니었습니다.

맛집여행의 열기는 갈수록 뜨거워지고 있고, 이제 유명한 맛집 앞에 사람들이 줄 선 모습은 익숙한 풍경이 되어버렸습니다. 예전처럼 어디 유명한 여행지에 갔다가 온 김에 여기도 가보자고 해서 잠시 들르는 개념이 아니라, 이제는 맛집 자체가 여행지가 되어가고 있지요. 유명한 맛집들만 찾아가는 맛있는 여행을 원하는 사람들이 점점 늘고 있습니다.

맛집여행이 대세가 되었다는 표현은 뭔가 부족한 것 같고요. 이제는 맛집여행이 일상이 되었다고 해야 적당할 것 같습니다. 근데, 어른들이 하면? 아이들도 합니다! 저와 함께 여행하는 아이들도 미리 맛집들을 조사해 와서, 그 집으로 가자며 계속 졸라댑니다. 물론 길고 긴 줄 앞에 무릎 꿇는 아이들도 많지만, 굴하지 않고 끝내 그걸 맛보는 아이들도 꽤 있습니다.

맛있다는 건 행복한 거야!
#2

우린 왜 이렇게 맛집들을 찾아다니는 걸까요? 답은 간단합니다. 맛있으니까요. 그럼 맛있다는 건 대체 어떤 의미일까요? 맛은 음식을 먹을 때의 즐거움입니다. 우린 맛있다는 그 즐거움을 느끼기 위해 힘들게 찾아가 줄까지 서서 기다립니다. 그런데 그 즐거움을 느낄 기회가 꽤 자주 찾아옵니다. 하루에 세 번은 꼬박꼬박 기회가 있으니 누구라도 그 기회를 잡고 싶지요. 하루 가운데 즐거운 일이 세 번이나 생길 확률은 얼마나될까요? 아마 그렇게 높진 않을 겁니다.

그런데 먹는 즐거움을 느낄 수 있는 기회는 평생 동안 꾸준히 찾아옵니다. 평소에 즐거운 일이 별로 없으면 자연스레 즐거워질 수 있는 확실하고도 쉬운 방법을 찾게 됩니다. 그게 바로 맛있는 걸 먹는 거죠. 흔히 이야기하는 소확행(소소하지만 확실한 행복)을 얻을 수 있는 가장 대표적인 일이 맛집에 들러 맛있는 걸 먹는 거라고 합니다.

그런데 행복이라는 게 정말 그렇게 단순한 걸까요? 맛있는 음식 먹는 게 행복일까요? 연세대학교 심리학과 서은국 교수의 책《행복의 기원》에는 이런 내용이 나옵니다.

> 그래서 행복은 '한 방'으로 해결되는 것이 아니다. 모든 쾌락은 곧 소멸되기 때문에, 한 번의 커다란 기쁨보다 작은 기쁨을 여러 번 느끼는 것이 절대적이다.
> 유학 시절, 지도 교수가 쓴 논문을 읽은 적이 있다. 제목은 '행복은 기쁨의 강도가 아니라 빈도다(Happiness is the frequency, not the intensity, of positive affect)'. 나는 이것이 행복의 가장 중요한 진리를 담은 문장 중 하나라고 생각한다.

저는 이 책을 읽으면서 '행복은 기쁨의 강도가 아니라 빈도'라는 말이 가장 인상 깊었습니다. 우리가 흔히 생각하는 것처럼, 어느 날 로또 복권에 당첨된다고 한 방에 행복해지는 건 아니라는 거죠. 그런 기쁨은 시간이 조금만 지나면 금방 적응되어 기쁨이 아닌 당연한 것이 됩니다. 오히려 그런 한 방의 기쁨보다 작고 소소한 기쁨을 자주 느끼는 게 더 행복에 가까워지는 길입니다. 어쩌면 우린 본능적으로 이 사실을 알고 있는 걸지도 모릅니다. 그래서 하루 세 번 있는 그 맛있는 즐거움을 위해 맛집을 찾아가고, 레시피를 연구하는 게 아닐까요?

고급 여행의 기술 1 :
아이와 함께 맛있는 여행, 어떻게 시작할까?
#3

        아이와 함께 여행 갈 때도 맛있는 음식은 필요합니다. 집에서 맛있는 음식을 만들어 챙겨 간다면 좋겠지만, 대부분 그럴 만한 여유는 없지요. 그래서 자연스럽게 맛집들을 찾아다니게 되는데요. 만약 아이가 너무 어리다면, 맛집보다는 안락한 시설이 있는 곳이 더 좋습니다. 맛있는 걸 먹겠다고 맛집만 고집하게 되면 크게 고생할지도 모르기 때문이죠. 그러니 아이가 너무 어리다면 영유아들을 배려한 시설이 있는 곳으로 정하세요. 그러다 아이가 좀 크면 맛집 찾는 일을 아이에게 맡기는 게 좋습니다. 물론 연습도 없이 다짜고짜 맡길 순 없겠죠? 방법을 알려준 다음 여러 차례 연습 후 실제 맛집 찾기를 시작하는 거죠.

그런데 맛집은 어떻게 찾을까요? 가장 일반적인 방법은 인터넷 검색입니다. 요즘은 스마트폰으로 검색해, 바로 맛집 정보를 찾아 들르는 경우가 많은데요. 사실 이 방법은 실패할 확률도 꽤 높습니다. 왜냐면 갈수록 자기 식당을 홍보하기 위한 후기 글들이 많아지고 있기 때문입니다. 직접 다녀온 사람의 후기보다, 식당 주인이 홍보비를 들여 인터넷에 올린 후기가 더 많은 경우가 허다합니다. 그러니 제대로 된 맛집을 찾기가 쉽지 않죠.

게다가 어떻게 해서 맛집을 찾아도, 인터넷에서 찾을 만한 집이라면 이미 소문난 집일 확률이 높죠. 그런 집들은 대개 손님들이 바글바글해 편하게 먹는 건 포기해야 합니다. 더불어 처음엔 맛있었는데 손님이 많아지면서 음식 맛이 떨어지는 경우도 종종 있습니다. 그래도 가장 손쉽게 맛집을 찾는 방법이니 급할 땐 이 방법이라도 써서 찾아가야겠지요.

두 번째 방법은 출발 전에 가까운 지인들에게 물어서 추천을 받는 겁니다. 그 지역으로 여행 다녀온 지인에게 정보를 얻는 거죠. 이 방법은 비교적 확실한 방법입니다. 이미 다녀온 사람의 이야기야말로 정확한 후기죠. 갔다 온 지 얼마 되지 않은 따끈한 최신 정보라면 더 믿을 만합니다. 하지만 그 지역으로 여행 다녀온 지인이 없다면 시도할 수 없는 방법입니다. 또한 지인만 믿고 맛집을 찾아갔는데 크게 실망하게 되면 지인에 대한 믿음마저도 사라지게 되는 부작용도 있지요.

　세 번째 방법은 여행지에서 그 지역 사람들에게 직접 물어봐 추천을 받는 겁니다. 그 지역의 맛있는 집은 대체로 그 지역 사람들이 잘 알고 있습니다. 때로는 외부인들은 거의 모르는 완벽한 맛집을 찾을 때도 있는데요. 그렇게 선구적으로 맛집을 찾게 되면 왠지 모를 성취감마저 느껴집니다. 아이와 함께 여행을 간다면, 저는 이 방법을 추천하고 싶습니다. 여행지에서 그 지역 사람들과 소통하는 기회도 가질 수 있고, 더불어 괜찮은 맛집도 추천받을 수 있으니까요.

　그럼 여행지에서 아무에게나 물어보면 될까요? 그 지역 사람들 가운데 맛집을 잘 알 만한 사람들에게 물어야 성공 확률을 높일 수 있는데요. 늘 여기저기 돌아다니며 정보를 얻는 택시기사 아저씨나 많은 사람을 만나는 숙소 주인 또는 직원분들에게 묻는 게 좋겠죠. 아니면 박물관에 계시는 해설사 가운데 그 지역에 오래 사셨던 분들에게 묻는 것도 도움이 됩니다.

고급 여행의 기술 2 : 맛있는 음식, 행복하게 먹는 비법
#4
　　　　이렇게 해서 맛집을 찾았습니다. 그럼 이제 남은 일은? 그렇죠. 맛있게 먹는 일만 남았습니다. 그런데 그저 먹는 데만 열중하면 행복해지는 걸까요? 아닙니다. 앞에서도 이야기했지만 맛은 음식을 먹는 즐거움입니다. 이 즐거움은 실제 음식의 맛에서도 느껴지지만 그 음식을 먹는 분위기에서도 느껴집니다.

맛있는 음식을 영접했을 때 최대한 행복하게 먹는 방법은 우선 감사하며 먹는 겁니다. 감사의 효과는 이미 과학적으로도 입증되었는데요. 기쁘고 즐거울 때 솟아나 통증을 없애준다는 엔도르핀 아시죠? 그 엔도르핀보다 4000배 효과가 있는 게, 바로 다이돌핀이라는 호르몬입니다. 하버드 대학 교수 탈벤 샤하르는 강력한 항암효과를 내는 다이돌핀은 주로 감사하거나 감동을 받았을 때 생긴다고 이야기합니다.

그러니 음식을 먹을 때, 우린 우선 감사하는 마음으로부터 시작해야 합니다. 이 음식의 재료가 된 모든 것들에게, 이 음식을 만들어준 모든 사람들에게 감사의 마음을 표현해보세요. 이건 아이를 교육하는 데도 반드시 필요한 일이니까요. 그렇게 시작해서 음식의 맛을 음미할 땐 어떻게 해야 할까요? 그렇죠. 음식의 맛에 감동을 느끼면 됩니다.

정말 맛있는 음식은 사람을 감동시킨다고 합니다. 그럴 때 그 맛있는 감동을 아이 앞에서 적극적으로 표현해보세요. 조금 오버해서 이야기해도 됩니다. 내가 느낀 감동을 제대로 전달하려면 오히려 조금 오버하는 게 더 정확할 테니까요. 감동 이후 마무리는? 다시 감사입니다. 잘 먹고 나서 감사하는 마음을 가지는 건, 이 시간이 얼마나 소중하고 행복한 시간이었는지 되새기는 일이 될 테니까요.

행복은 사랑하는 사람과 함께 밥을 먹는 것
#5

여러분은 행복이 무엇이라고 생각하시나요? 여유 있게 생활하고, 좋은 데로 여행 다니며, 걱정 없이 사는 것? 물론 그렇게 된다면 참 행복할 것 같습니다. 하지만 대부분의 경우 여유가 없거나, 걱정이 많은 인생을 살고 있습니다. 그 와중에 실현하기 어려운 거창한 행복을 바라고, 바라고, 또 바라고만 있다면, 우린 언제 행복할 수 있을까요?

행복은 추구하는 것이 아니라 발견하는 것이라는 말이 있습니다. 어떻게 해서 그 행복이라는 것을 향해 정신없이 쫓아가 봐도, 그 자리에는 성취라는 단어만 있을 뿐, 행복은 또 어딘가로 달아나 버립니다. 끝없이 그걸 쫓아다니다 결국 포기했는데 알고 보니 내 등 뒤에 행복이라는 글자가 새겨져 있었다면 어떤 기분일까요? 너무 가까운 곳에 있고, 너무 사소한 것이라 알아채지 못했던 것. 어쩌면 그게 행복은 아닐까요?

앞에서 소개한 서은국 교수의 책《행복의 기원》에는 이런 말이 나옵니다.

> "행복은 거창한 관념이 아니라 구체적인 경험이다."
> "한국인이 하루 동안 가장 즐거움을 느끼는 행위는 두 가지로 나타났다. 먹을 때와 대화할 때."

그러면서 그가 내린 행복의 정의는 '사랑하는 사람과 함께 밥 먹는 것, 그것이 행복이다'입니다.

사랑하는 아이와 함께 맛있는 여행을 떠나세요. 둘러앉아 함께 맛있는 걸 먹으며 이야기 나누다 보면, 행복은 결국 우리 안에 있음을 다시 한번 확인하게 될 겁니다. 행복하세요!

최후의 비법 : 드라마 같은 여행
21

"작은 변화가 일어날 때 진정한 삶을 살게 된다."

── 톨스토이 ──

드라마의 네 가지 매력

#1

여러분, 드라마 좋아하시나요? 저는 마니아까진 아니지만 늘 드라마를 챙겨 보는 편입니다. 아내와 함께 드라마를 보고 있으면, 요즘 드라마들 정말 수준이 높아졌다는 생각이 듭니다. 보는 동안 드라마의 매력에 저절로 빠져듭니다. 드라마에는 어떤 매력이 있을까요?

우선 첫 번째로, 드라마는 특별한 이야기를 다룹니다. 시청자들의 관심을 끌기 위해, 드라마는 일상에서 경험하기 힘든 특별한 이야기를 소재로 삼아 만들어집니다. 만약 우리의 평범한 일상과 똑같은 장면이 화면에 나온다면, 아무도 그 드라마에 관심을 가지지 않겠죠?

두 번째로, 드라마는 중요한 부분을 강조하기 위해 이야기 전개 속도를 조절합니다. 같은 속도로 이야기가 진행되면 시청자 입장에선 지루함을 느낄 겁니다. 그래서 중요하지 않은 이야기는 빠르게 넘어가고, 중요한 부분은 시간을 많이 들여 자세히 보여주는 거죠.

세 번째로, 드라마에는 뜻밖의 반전이 나옵니다. 물론 반전 없이 진행되는 드라마도 있지만, 대체로 시청자들을 사로잡기 위해 처음부터 반전을 계획해둡니다. 정말 뜻밖의 반전으로 시청자들을 놀라게 하는 드라마가 오래 기억에 남는 드라마가 됩니다.

마지막으로, 분위기에 잘 어울리는 배경음악이 곧 드라마의 매력이 되기도 하는데요. 매력적인 드라마일수록 멋진 배경음악으로 시청자의 감성을 자극합니다. 때로는 드라마보다 배경음악이 더 유명해지는 경우도 종종 있죠.

근데 왜 갑자기 드라마 이야기냐고요? 이런 드라마의 매력을 아이와 함께하는 여행에 더하면, 훨씬 새롭고 오래 기억에 남는 가족여행으로 만들 수 있기 때문입니다. 사소하지만 중요한, 여행의 기술을 알게 되면 행복한 여행을 다녀올 수 있을 겁

니다. 그럼 이제 본격적으로 드라마 같은 여행에 대해 알아볼
까요?

고급 여행의 기술 1 : 특별한 여행을 시작해보자!
#2

　　　　특별한 여행이라고 하면, 어떤 생각이 떠오르나요? 뭔
가 오지를 탐험하면서 남들이 하지 않는 체험을 해야 될 것 같
지 않나요? 어쩌면 그런 여행이 특별한 여행일 수도 있지만, 좀
부담스럽지요. 그냥 남들처럼 갔다 오는 게 속 편하다고 느낄
때도 있습니다. 하지만 사실 특별한 여행이란 건 별게 아닙니
다. 꼭 오지를 가야 하는 것도 아니고, 특별한 체험을 해야만 하
는 것도 아니죠. 특별한 여행은 여행의 시간과 공간을 바꾸면
언제든 할 수 있는 여행입니다.

　우선, 여행의 시간을 바꿔보세요. 우린 항상 낮에 여행을 합
니다. 특히 아이와 함께하는 여행은 대체로 아이의 생활 패턴
에 맞추기 위해 낮에 하는 경우가 많죠. 하지만 가끔은 특별한
시간에 여행을 떠나보세요. 밤에 경주에 있는 대릉원을 들러보
면, 완전히 다른 경험을 할 수 있습니다. 야경이 멋진 걸로 소문
난 안압지도 밤에 들러야 제대로 된 매력을 느낄 수 있지요.

　또는 새벽에 여행을 떠나보는 것도 좋습니다. 특히 기차를

새벽에 타거나, 수목원 같은 곳을 새벽에 들르면 특유의 분위기를 느낄 수 있는데요. 그 분위기를 마음껏 즐기다 보면 어느새 특별한 여행을 하고 있는 자신을 발견할 수 있을 겁니다.

다음으로 여행의 공간을 바꿔보세요. 공간을 바꾸라는 이야기가 오지에 가라는 이야기는 아닙니다. 여행을 떠날 때 우린 항상 여행지를 정하고 떠나는데요. 이번 여행은 특별한 여행이니, 목적지를 정하지 않고 떠나보세요.

그저 어느 쪽으로 향할지 방향만 정한 다음, 그쪽을 향해 걷거나 차를 타고 여행을 하면, 뜻밖에 좋은 곳을 만나게 됩니다. 그 어떤 여행책에도, 그 어떤 인터넷 사이트에도 나오지 않는 나만의 여행지를 경험할 수 있으니, 아이와 함께 꼭 이런 여행을 한번 떠나보시길 권합니다.

고급 여행의 기술 2 : 여행의 속도를 조절해보자!
#3
　　　　　저는 가끔 부모님들을 대상으로, 아이와 함께 떠나는 여행에 대해 강연을 하는데요. 제가 만난 어떤 부모님께서는 매우 계획적인 분이셨습니다. 늘 여행 계획을 5분 단위로 치밀하게 세우고, 그 계획에 따라 움직여야 직성이 풀리는 분이셨는데요. 그러다 보니 여행 갈 때 계획대로 되지 않으면 스트레스가 이만저만이 아니었습니다.

　여행을 떠날 땐 가끔 계획으로부터 벗어날 필요도 있습니다. 너무 정해진 대로만 움직이지 말고 여행의 속도를 조절해보세요. 바쁠 땐 여행의 속도를 올려 목적지까지 서둘러 갑니다. 급하게 뛰어가 곧 출발하는 버스나 기차에도 타보고요. 예약시간에 맞추기 위해 낯선 거리를 빠른 걸음으로 걸어가 보는 것도 좋습니다.

　그러다 카페나 잔디밭처럼 쉴 수 있는 곳이 나오면 여유를 갖고 느긋하게 쉬어보세요. 가능하다면 낮잠도 잠시 자보고, 아무 생각 없이 멍하니 앉아 있는 것도 괜찮습니다. 그렇게 여유를 즐기다, 다시 속도를 올려 어딘가로 급하게 뛰어가 보세요.

　이렇게 속도를 조절하는 건 대체로 그 일에 익숙한 사람들이 잘합니다. 여행 가이드 가운데 인기 있는 가이드들을 자세히 살펴보면, 이런 속도조절에 능하다는 걸 알 수 있습니다. 때로는 빠르게, 때로는 느리게, 고삐를 조였다, 느슨하게 풀었다 하면서 참여자들을 긴장시키는데요. 그렇게 굴곡 있는 여행이 바로 매력적인 여행입니다.

고급 여행의 기술 3 : 뜻밖의 반전을 준비해보자!
#4
　　　　　다들 잘 아시죠? 여행을 떠나면, 별의별 일이 다 생깁니다. 좌충우돌하면서 겪는 그런 의외의 일들이 여행의 매력이죠. 하지만 아이와 함께 떠나는 가족여행은 대체로 그런 일들을 겪기 힘듭니다. 왜냐면 미리 많은 걸 준비해 가고, 계획도 잘 세워서 가기 때문에 그렇지요. 아이와 함께 가는 여행이니 분명히 그럴 필요도 있습니다. 하지만 늘 그렇게 여행을 가다 보면 어느 순간 지겹다는 느낌이 듭니다. 모든 게 예상이 가능하고, 별일 없이 지루하다면 아이도 여행 같은 건 별로 가고 싶지 않을 겁니다.

　아이와 함께 여행 갈 때, 작은 이벤트를 준비해보세요. 아이 몰래 맛집이나 신나는 체험을 예약해둔다든지, 반가운 손님을 초대한다든지 하면, 비슷하게 흘러가던 여행의 분위기를 반전시킬 수 있습니다. 만약 이런 이벤트를 계속 준비하는 게 부담된다면, 가족들이 돌아가면서 준비해보는 것도 괜찮습니다. 어떤 이벤트인지 공개는 하지 말고, 각자 나름대로 준비해서 깜짝 이벤트를 선보이는 거죠. 아이에게도 기회를 주면 분명 재미있을 겁니다.

　또 다른 방법은 계획했던 여행 일정을 갑자기 변경해보는 겁니다. 계획은 어디까지나 계획일 뿐입니다. 반드시 미리 짜놓은 계획에 따라 여행해야 한다는 법은 없습니다. 가끔은 내키는 대로, 가고 싶은 곳을 향해, 예정에 없던 여행지를 찾아가 보세요. 그렇게 일정을 바꾼다는 것 자체가 반전이기도 하지만, 갑자기 들른 여행지에선 반전을 겪을 확률도 높아집니다. 미리 알아본 곳이 아니라서 어떤 일이 생길지 알 수 없거든요.

사실 걷기여행이나 배낭여행을 떠나면 미리 준비하지 않아도 여러 가지 반전을 겪게 됩니다. 몸을 움직여서 자기가 직접 해결하는 여행일수록, 변수도 많고 뜻밖의 일들이 자주 일어납니다. 그러니 진짜 반전이 있는 여행을 아이와 함께 해보고 싶다면, 걷기여행이나 배낭여행에 도전해보세요. 깜짝 놀랄 만한 일들이 우릴 기다리고 있습니다.

고급 여행의 기술 4 : 음악이 흐르는 여행으로 만들어보자!
#5
　　　　흔히 오스트리아의 빈을 음악의 도시라고 부릅니다. 가는 곳마다 음악이 흐르고, 거의 날마다 오페라 공연이 열리는데요. 저는 신혼여행으로 빈에 들러 그 분위기를 느껴봤습니다. 사실 빈의 풍경이 여느 다른 유럽의 도시들과 큰 차이가 있는 건 아니었습니다. 흔히 동유럽 스타일이라고 하면 떠오르는 그런 풍경이죠.

하지만 빈이라는 도시에 어둠이 깔리고, 불빛들이 하나둘씩 켜지면, 어디선가 음악이 흐릅니다. 그 음악이야말로 빈을 상징하는 매력입니다. 저에게 누군가가 빈에 대해 설명해보라고 한다면, 저는 가장 먼저 음악에 대해 이야기할 겁니다. 그리고 그 음악이 만들어낸 분위기에 대해 자세히 설명할 것 같습니다.

아이와 함께 여행할 때 음악이 필요한 이유는 뭘까요? 우선 분위기를 만들기 위해서입니다. 저는 아이들과 어떤 활동을 할 때, 가장 중요한 것은 분위기라고 생각합니다. 같은 활동을 하더라도 분위기에 따라 아이들의 반응은 크게 달라집니다.

그런데 그 분위기를 가장 쉽게 이끌 수 있는 게 바로 음악입니다. 드라마에서도 중요한 장면에선 항상 음악을 넣습니다. 상황에 어울리는 음악이 흐르면, 자연스레 그 장면과 분위기에 몰입하게 되기 때문입니다. 여행도 마찬가지입니다. 여행할 때 적절한 배경음악을 깔면, 원하는 분위기를 만들 수 있습니다.

또한 음악은 사람의 불안감을 낮춰주는 역할을 합니다. 한의학 학회지에 실린 논문에 이런 연구가 있었습니다. 수면마취 없이 대장 내시경 검사를 받는 138명의 환자를 대상으로 음악을 들려줄 때와 들려주지 않을 때의 불안감을 측정했지요. 그 결과 음악을 들려주었을 때 불안감이 상당히 감소했다고 합니다.

여행은 대체로 낯선 곳을 향해 떠나는 활동이기 때문에, 불안감을 동반합니다. 그 불안감이 너무 심해지면 여행을 제대로 할 수 없을 지경에 이르기도 하지요. 그런 불안감을 낮춰주고, 안정감을 심어주는 게 음악입니다. 그러니 아이와 함께 여행을 떠날 때, 음악을 잘 활용해보세요. 음악이 흐르는 여행을 하면 인상 깊은 여행, 예술 같은 여행을 다녀올 수 있을 겁니다.

고급 | 여행은 함께 시간을 보내는 행복

지금 행복한 아이가
어른이 돼서도 행복하다

22

**"어리석은 자는 멀리서 행복을 찾고,
현명한 자는 자신의 발치에서 행복을 키워간다."**

— 제임스 오펜하임 —

적절한 시기에 필요한 적절한 자극

#1

휴일 아침, 여유롭게 책을 한 권 읽었습니다. 호사카 다카시의 《아이의 뇌 부모가 결정한다》라는 책이었지요. 읽다 보니 꽤 흥미로운 실험이 하나 소개되어 있었습니다. 갓 태어난 새끼 고양이의 눈꺼풀을 바로 봉합해버리면, 얼마 후 원래대로 복원해도 그 고양이는 평생 앞을 보지 못한다는 실험이었지요.

이 실험은 노벨상을 받은 과학자인 허블과 위젤이 증명한 유명한 실험입니다. 책을 좀 더 자세히 읽어보니, 그 고양이는 '앞을 못 보는 것'이 아니라, '눈에 비치는 게 무엇인지 알지 못하는 상태'가 되었다고 합니다. 이 실험은 '어떤 기능을 획득하려면, 적절한 기간(임계기) 내에 적절한 자극을 받아야 한다'는 사실을 우리에게 알려준다고 합니다.

놀랍죠? 허블과 위젤의 실험에서 알 수 있듯이, 앞을 보는 능력은 외부 세계의 자극을 받아야 형성됩니다. 자극은 시각을 담당하는 뇌에 프로그래밍 됩니다. 이것이 앞을 보는 능력으로 발전하는 거지요. 하지만 이 과정도 적절한 때에 이루어져야 가능합니다. 적절한 시기에 적절한 자극을 받지 못하면, 평생 그 능력을 상실합니다.

우리 아이들도 적절한 시기에 적절한 자극을 받아야 제대로 자랄 수 있습니다. 그런데 요즘 아이들은 온갖 부적절한 자극에 시달리면서 살아갑니다. 어른들도 감당하기 어려운 피곤한 일정을 소화하면서 바쁘게 사는 아이도 있습니다. 외로워서 자극적인 매체나 게임에 목매는 아이들도 있지요. 재미나 즐거움 같은 행복한 자극이 아니라, 피곤함이나 외로움, 분노 같은 스트레스성 자극에 시달리며 살고 있습니다. 이런 스트레스성 자극의 원인은 대개 가까운 사람들에게 있습니다. 집에서는 부모와 형제자매, 학교에서는 선생님과 또래 친구들이 원인이 되곤 하지요.

고급 | 여행은 함께 시간을 보내는 행복

아이들의 스트레스
#2

　　　인터넷에서 찾은 한 설문조사(초등학교 6학년 100명을 대상으로 실시) 자료에 따르면, 아이들 가운데 46%가 스트레스의 가장 큰 원인으로 '부모의 잔소리와 꾸중'을 들었다고 합니다. 그 뒤를 이어 35%의 아이들이 '공부하는 것 자체'가 스트레스라고 응답했습니다. 그다음이 '학교, 학원에서 선생님과의 관계, 질서·규율 지키기'(10%)였고, '왕따, 은따, 친구 만들기 등 교우관계'(7%) 순이었습니다.

　　사실 누구보다 아이가 잘되길 바라는 사람은 부모입니다. 내 아이니까, 내 아이가 조금이라도 더 잘되길 바라니까, 잔소리도 하고 꾸중도 하는 거지요. 하지만 그런 의도와는 달리, 부모의 잔소리와 꾸중이 스트레스의 가장 큰 원인이 되고 있습니다. 그리고 내 아이를 잘되게 만들어줄 거라 여겼던 공부가 그다음 이고요.

　　스트레스성 자극을 받은 아이들은 도피처를 찾아 나섭니다. 이 설문조사에서 '스트레스를 받았을 때 어떻게 해결하나요?'라는 질문에 42.4%의 아이들은 게임을 하거나, TV를 본다고 답했습니다. 그다음 19.7%는 운동을 한다고 했고, 16.7%는 그냥 아무것도 안 하고 가만히 시간을 보낸다고 합니다. 아이들이 스트레스를 푼다고 게임을 하거나, TV만 보고 있으면 부모 입장에선 속이 터집니다. 아무것도 안 하고 빈둥대는 것도, 속 터지는 건 마찬가지지요. 그러니 다시 또 잔소리와 꾸중이 이어지고, 아이들의 스트레스는 또 쌓입니다.

우리 아이들은 행복한가요?

#3

　　설문조사의 마지막 질문은 '여러분은 행복한가요?'입니다. 이 질문에는 38%의 아이들이 '행복한지 행복하지 않은지 잘 모르겠다'고 답했습니다. 그다음 28%는 '비교적 행복하다', 25%는 '매우 행복하다'고 답했지요. '행복하지 않은 편'이라고 답한 아이는 6%, '불행하다'는 아이는 3%였습니다. 아이들 가운데 절반은 행복하다고 답했지만 나머지 절반은 행복한지 행복하지 않은지 잘 모르겠다는 반응이거나 불행하다는 반응이었습니다.

이 가운데 잘 모르겠다는 아이들이 38%나 되는 이유는 무엇일까요? 내가 행복한지 아니면 불행한지 아는 아이들은 최소한 '행복이 무엇인지'는 아는 아이들입니다. 하지만 모르겠다는 아이들은 '행복이 대체 뭔데?'라고 생각하는 아이들이지요. 아이들 가운데 상당수가 행복이란 무엇인지 모르고 큰다는 건, 꽤 심각한 일입니다. 이건 마치 허블과 위젤의 고양이가 자극을 받지 못해 앞을 못 보게 된 경우와 같습니다. 우리 아이들은 행복한 자극을 제때 받지 못해서, 행복이 뭔지도 모른 채 자라고 있는 겁니다.

아이들이 행복을 모르는 이유
#4

많은 아이들이 행복이 뭔지도 모른 채 자라고 있는 이유는 무엇일까요? 그 이유는 '가정에서 행복해지는 법을 배우지 못해서'입니다. 행복은 불안감을 느끼지 않고, 안심하는 마음상태에서 비롯됩니다. 만족스럽고 즐거운 상황이거나, 희망을 갖고 있는 상태에서 아이들은 행복해지는 법을 배웁니다.

하지만 가정 상황이 불안하고, 늘 불만족스러운 상황이라면 행복은 먼 나라 이야기입니다. 여기서 희망마저 잃어버리면, 사는 것 자체가 힘들어지기도 합니다. 부모는 날마다 다투고, 돈 때문에 살기 힘들다는 말만 들리는 집에서는 행복보다는 생존이 더 급합니다.

똑같은 처지라도 부모가 서로 좋은 관계를 맺고 있고, 항상 희망을 외치는 집에서는 나름의 행복이 피어납니다. 행복한 경험을 많이 한 아이일수록 행복해지는 법을 잘 알고 있습니다. 그러기 위해선 우선 부모부터 행복해지는 법을 알고 있어야 합니다. 부모의 행복은 곧 아이의 행복으로 전염되기 때문입니다.

또 다른 이유는 우리나라 부모들이 '지금 행복한 아이보다 나중에 성공하는 아이'를 더 바라고 있기 때문입니다. 지금 행복한 것도 좋지만, 나중에 더 행복해지려면 지금 이 순간 참고 견뎌야 성공할 수 있다고 말합니다. 이건 대체로 행복의 기준을 돈이나 성공에 두는 데서 비롯됩니다. 지금은 부모를 원망해도, 나중에 성공하면 생각이 달라질 것이라 믿기도 합니다. 이건 어디까지나 부모의 추측에 불과합니다. 내 아이가 돈을 많이 벌거나 성공하면 행복해질 것이라는 건, 그럴 수도 있지만 아닐 수도 있습니다. 만약에 아니라면? 지금도 행복하지 않고, 나중에도 행복하지 않은 최악의 상황이 됩니다.

행복은 얻는 게 아니라 느끼는 것

#5

지금의 행복과 나중의 행복 가운데 부모의 노력으로 확실히 결정지을 수 있는 건 지금의 행복입니다. 지금의 행복을 저당 잡혀 미래의 행복이라는 복권에 응모하지 마세요. 미래의 행복을 개척하는 건 내 아이의 몫입니다. 막연한 믿음으로 성공하길 기대하는 것보다 지금 내 아이가 행복한지 관심을 두는 게 더 현명합니다.

행복은 매우 주관적인 것입니다. 돈이나 성공 같은 객관적 가치를 얻는다고 해서 행복해지진 않습니다. 이건 TV에 나오는 드라마만 열심히 봐도 잘 알 수 있습니다. 행복은 얻는 게 아니라 느끼는 겁니다. 삶을 살아가는 태도와 마음가짐에서 결정됩니다. 현실은 그저 거들 뿐이지요. 좀 더 나은 조건이면 좋겠지만, 현실은 내 마음대로 바꿀 수 없습니다. 잊지 마세요. 행복은 느끼는 겁니다. 내 아이에게 행복을 느끼는 방법을 가르쳐 주는 게 부모의 역할입니다.

지금의 행복이 아이를 키운다
#6

"지금 행복한 아이가 어른이 되어서도 행복하다"라는 말이 있습니다. 어린이 교양지 《고래가 그랬어》와 《경향신문》이 함께했던 캠페인 '아이를 살리는 7가지 약속' 가운데 첫 번째 약속입니다. 아이들과 함께 서울에서 배낭여행을 하던 중 지하철 광고판을 보고 이 약속을 알게 되었습니다.

그때는 신선한 충격이었습니다. 우리는 아이들을 보면서 미래를 생각합니다. 그런데 그 미래가 사실은 현재로부터 출발한다는 걸 잊고 살아갑니다. 현재, 현재, 현재, 이렇게 반복된 현재가 결국은 미래가 되는데 말이지요. 지금 행복한 아이에게 행복한 미래가 주어집니다. 그런데 좀 더 생각하다 보면 '이것 또한 추측이지 않나?'라는 생각이 듭니다. 추측에 머물지 않기 위해선 뚜렷한 근거가 필요하겠지요.

앞에서 소개한 호사카 다카시의 책《아이의 뇌 부모가 결정한다》에는 이런 내용이 나옵니다.

행복이나 즐거움을 느끼면 뇌 속에서 아난다미드라는 물질이 분비된다. 아난다미드는 행복을 느끼는 물질로 유명한 뇌 속의 모르핀보다 강력한 위력을 발휘한다. 아난다미드가 분비되면 뇌의 혈류가 왕성해지면서 기억력과 정서가 발달한다. 반대로 아이에게 스트레스가 되는 분노나 체벌은 뇌 기능의 발달에 나쁜 영향을 미쳐 어른이 되었을 때 우울증이나 정신질환을 앓는 원인이 된다고 한다.

과학적으로도 지금의 행복이 기억력과 정서발달에 도움을 줍니다. 반대로 미래의 행복을 위해 아이들에게 하는 잔소리와 꾸중은 스트레스를 낳고, 오히려 아이들의 뇌 기능 발달에 나쁜 영향을 미칩니다. 물론 그렇다고 해서 잔소리와 꾸중을 일절 금하고, 그냥 내버려 두라는 의미는 아닙니다. 아이가 스트레스를 받아 불행하다고 느낄 만큼, 반복적으로 계속되어선 안 된다는 의미지요.

잔소리와 꾸중은 궁극적으로 내 아이에 대한 애정표현입니다. 이제 그 애정표현을 좀 더 세련되게 해봅시다. 아이의 잘못에 집중하기보다, 아이를 향한 내 마음을 솔직하게 표현하는 쪽으로 방향을 잡는다면, 아이도 그 마음을 알아줄 겁니다.

행복은 근육과 같다
#7

어느 날 TV를 보다가 〈세상을 바꾸는 시간, 15분〉이라는 프로그램에서 배우 권해효가 나와 강연하는 모습을 봤습니다. 그가 사는 '삼각산 재미난 마을'에 대한 소개도 흥미로웠지만, 무엇보다 그가 이야기했던 행복에 관한 이야기가 마음에 와 닿았습니다. 그는 "행복은 근육과 같아서 행복의 근육을 키워야 하고, 그 근육을 자주 써야 한다"라고 이야기했습니다.

정말 그렇습니다. 멋진 비유라고 생각합니다. 근육을 키우기 위해 아무리 좋은 닭가슴살과 아령을 갖다 놓는다 해도 그 근육을 반복해서 날마다 쓰지 않으면 소용없습니다. 이제 부모도, 아이도 행복의 근육을 키워봅시다. 어떠한 불행도 물리칠 수 있는 그 행복의 근육을 위해, 날마다 행복을 연습하고, 틈만 나면 행복해지세요!

Epilogue

잊고 싶지 않은 그 순간을 위해
23

"집에 돌아와 자신의 오래되고 익숙한
베개에 기대기 전까지는
아무도 그 여행이 얼마나 아름다웠는지 깨닫지 못한다."

— 린위양—

여행이 교육이 되는 순간
#1

여행이 끝났습니다. 집으로 돌아와, 이번 여행에 대해 생각해봅니다. 즐겁고 재미있었습니다. 아이와 함께 시간을 보내며 많은 추억을 쌓았지요. 하지만 왠지 무언가 공허합니다. 혹시 공부할 것들을 미뤄두고 하루 종일 나가 놀아보셨나요? 그러다 집으로 돌아왔을 때 느끼는 허전함. 뭔가 빠진 것 같은 느낌이 듭니다.

무엇이 빠졌을까요? 배움입니다. 여행지에서 보고, 듣고, 느낀 것들을 통해 우린 무언가 배웁니다. 그렇게 배운 것으로 우리의 일상을 조금씩 바꿔나가는 것, 이게 바로 성장입니다. 성장은 배운 것으로 자신의 생각과 일상을 바꿔나가는 데 있습니다.

여행을 하면 우린 무엇을 배울 수 있을까요? 아이와 함께 여행할 때, 부모는 이것에 대해 구체적으로 알고 있어야 합니다. 그저 막연히 '여행 다녀오면 뭐라도 도움 되겠지' 하고 생각하는 것과 구체적으로 알고 있는 건 완전히 다릅니다. 무엇을 배울 수 있는지 알아야, 여행하는 순간순간 무엇에 힘쓸지 정할 수 있습니다. 무엇을 배우는지 알아야, 아이의 변화와 성장이 눈에 보입니다.

물론 배움이 곧 성장인 것은 아닙니다. 하지만 배워야 성장할 수 있습니다. 결국 여행을 통해 배운다는 것은, 성장의 기회를 얻는 것입니다. 여행이 교육이 되려면 여기서부터 출발해야 합니다. 그리고 또 하나 필요한 게 있습니다. 그건 바로 교육철학입니다.

유대인 교육의 비밀
#2

아인슈타인, 프로이트, 마르크스. 이 세 명의 공통점은 뭘까요? 미국의 한 시사주간지가 '천재들의 비밀 : 20세기를 조각한 세 명의 위인'으로 아인슈타인, 프로이트, 마르크스를 선정해 표지 모델로 삼았다고 합니다. 이 세 명은 모두 유대인입니다. 20세기를 대표하는 세 명의 위인이 모두 유대인이라니, 우연일까요?

그럼, 석유 재벌로 이름난 록펠러, 구글을 만든 세르게이 브린과 래리 페이지, 페이스북을 만든 마크 저커버그, 이 네 명의 공통점은 뭘까요? 전 세계에 영향을 미치고 있는 이들 또한 유대인입니다.

유대인들이 이렇게 뛰어난 능력을 발휘하는 이유는 무엇일까요? 전문가들은 그 이유를 유대인들의 '교육'에서 찾았습니다. 유대인들의 교육이 특별하다는 사실은 이미 널리 알려져 있습니다. 서점에 가보면 유대인 교육 관련 책이 꽤 많이 나와 있지요. 교육열로 치면 우리나라도 유대인들 못지않게 높은데, 왜 우리는 유대인 교육에 관심을 가지는 걸까요?

유대인 교육의 출발점은 '가정교육'에 있습니다. 유대인들은 아이가 어릴 때부터 꽤 엄하게 가정교육을 하는 편입니다. 엄하다고 해서 아이에게 화를 내거나 다그치는 걸 상상하면 안됩니다. 아이를 교육하는 원칙을 엄하게 지킨다는 뜻이지요.

만약 부모가 아이를 아침에 깨웠는데 아이가 일어나지 않아

학교에 지각하면, 철저하게 아이가 책임지도록 합니다. 아침밥 먹으러 나오라고 이야기했을 때 나오지 않고 늦장을 부린다면, 그날 아침은 주지 않지요. 우리 부모들처럼 잔소리를 해서 어떻게든 깨워 학교 보내고, 어떻게든 아침을 먹이진 않습니다.

그렇다고 유대인 부모들이 무조건 냉정한 태도로 아이를 대하는 것은 아닙니다. 아이가 자기 전에는 꼭 15분 정도 책을 읽어주고, 어떤 일을 잘해냈을 때는 칭찬을 아끼지 않습니다. 아이와 함께하는 식사시간을 교육의 기회로 만들어, 질문하고 토론하기도 합니다. 안식일에는 특별히 전 가족이 다 모여 식사를 하고, 역시 질문과 토론이 이어집니다. 어떻게 보면 유대인들은 학교교육보다 가정교육을 더 중요시한다고 볼 수 있지요.

앞서 이야기한 유대인들의 가정교육은 그들이 갖고 있는 뚜렷한 교육철학에 바탕을 두고 있습니다. 유대인들은 아이들에게 꼭《토라》와《탈무드》를 가르칩니다.《토라》는《성경》의 일부분이라 할 수 있고,《탈무드》는 잘 알다시피 유대인들의 율법과 지혜를 모아놓은 책입니다. 여기에는 오랜 세월 이어져 내려오는 유대인들의 교육철학이 깃들어 있습니다.

우리에게도 튼튼한 뿌리가 될 수 있는 우리 나름의 교육철학이 필요합니다. 교육철학이라는 뿌리가 없으면, 나뭇잎 하나 날릴 만한 작은 바람에도 크게 흔들릴 수밖에 없거든요.

나만의 교육철학을 만들자!

#3

　　　교육철학이라고 해서 너무 어렵게 생각할 필요는 없습니다. 여기서 이야기하는 교육철학은 누군가의 이야기를 듣거나 무언가를 곰곰이 생각해보았을 때 '아! 정말 그렇구나! 내 아이는 이렇게 키워야겠어!' 하고 공감하는 데서 비롯됩니다. 이렇게 속 깊이 와 닿는 공감들이 쌓여서 생기는 일종의 '자기 생각'을 말하지요. 공감은 순간적일 수 있지만, 생활하면서 겪는 경험들을 통해 검증 과정을 거친다면 그것이 자기 생각, 곧 자기만의 철학이 되는 것입니다.

　그럼 이것으로 충분할까요? 마음속 생각이 구체화되기 위해서는 무엇보다 계획이 필요합니다. 하다못해 시장을 갈 때도 계획을 세우고 가는데, 적어도 15~20년 동안 이어질 우리 아이의 교육에 대해 계획을 세우는 건 어쩌면 당연한 일이겠죠. 우리 아이를 위한 체계적인 교육 계획을 세우는 것, 그리고 그것에 대해 고민하여 내린 결론, 이것이 바로 '나만의 교육철학'입니다.

　그런데 탁월한 교육철학이 생각 속에 자리 잡으려면 어떻게 해야 할까요? 교육에 대해 꾸준히 고민하고 계속 연구해야 합니다. 물론 모든 일을 제쳐두고 학자들처럼 도서관에 틀어박혀 공부하라는 이야기는 아닙니다. 나무에 물을 한꺼번에 퍼붓는다고 해서 갑자기 쑥쑥 자라는 건 아닌 것처럼, 교육철학은 정립하는 데 많은 시간과 노력이 필요합니다.

이제 우리는 일상생활 속에서 꾸준히 교육에 대해 이야기할 수 있는 기회를 만들어야 합니다. 저녁을 먹고 모인 가족회의에서, 부부가 손잡고 걷는 산책길에서, 친한 이웃을 초대한 자리에서도 자연스럽게 자신이 생각하는 교육철학에 대해 이야기할 수 있어야 합니다. 서로 귀 기울여 들어주는 그런 과정을 통해, 우리의 생활 속에 교육에 대한 고민이 녹아들도록 하는 거죠.

부모로서 해줄 단 세 가지
#4

사실 교육철학이라는 말은 부담스러운 용어입니다. 저를 포함한 보통 사람의 입장에선, 그저 말만 들어도 머리가 아픕니다. 게다가 생활하기도 바쁜데 철학을 논하고 있을 여유 같은 건 없을 것 같습니다. 우리 사회의 전체적인 분위기 또한 교육철학과는 거리가 멀죠. 하지만 우리 아이에게 좋은 교육을 해주고 싶다는 마음은 다 갖고 있습니다.

이럴 땐 다른 사람의 교육철학을 배워보는 것도 좋은 방법입니다. 저는 배워볼 만한 교육철학으로 박노해 시인의 시 〈부모로서 해줄 단 세 가지〉를 추천합니다. 시 전체를 가져오기엔 내용이 너무 많아 핵심만 다음과 같이 추려봤습니다.

> 내가 부모로서 해줄 것은 단 세 가지였다.
>
> 첫째는 자유로운 공기 속에 놓아두는 일이다.
> 둘째는 '안 되는 건 안 된다'를 새겨주는 일이다.
> 셋째는 평생 가는 좋은 습관을 물려주는 일이다.

시집 《그러니 그대 사라지지 말아라》에 실린, 이 시의 전문을 직접 읽어보시면 좋겠습니다. 교육철학이라는 어려운 말보다 더 마음속 깊이 와 닿는 내용이니까요. 너무 어렵고 복잡한 내용보다는 아이를 교육하는 원칙으로 삼을 수 있는 간단명료한 생각이 오히려 훌륭한 교육철학이 될 수 있을 겁니다.

순간이 모여 인생이 된다면
#5

아이들과 유럽 배낭여행을 할 때였습니다. 프랑스에서 스위스로 가는 기차를 타고 있었는데요. 아이들 모두 잠이 들었고, 저는 창밖 풍경을 보고 있었습니다. 밖은 점점 어두워

졌고 간간이 보이는 스위스 마을의 불빛들만 스쳐 지나갔지요. 멍하니 창밖을 보고 있으니, 그 순간 시간이 멈춘 것 같은 이상한 느낌이 들었습니다. 기차가 터널로 들어가니 갑자기 창문에 제 얼굴이 나타나 이런 질문을 합니다.

'순간이 모여 인생이 된다면, 우린 무엇을 해야 할까?'

우린 지금도 순간으로 이어진 시간 속에 살고 있습니다. 앞으로도 수많은 순간들이 인생의 미션처럼 우릴 기다리고 있습니다. 시간의 물길 위에 어쩔 줄 모르도록 내팽개쳐진 우리. 이제 어떻게 해야 하는 걸까요? 저는 지금 이 순간, 순간에 대해 진지하게 고민해야 한다고 생각합니다.

우선, 순간을 이해하고 알아차리면 좋겠습니다. 지금 이 순간을 사랑처럼 소중히 여기는 사람은 인생의 낭비가 없습니다. 다음은 순간의 선택에 최선을 다하는 겁니다. 선택에 최선을 다해야만, 내 삶의 방향을 제대로 찾을 수 있으니까요. 마지막으로 지금 행복해지는 겁니다. 지금 이 순간에서 행복을 찾을 수 있으면, 내 삶이 소중해지고 세상이 달리 보입니다. 나를 둘러싼 상황보다, 나에게 주어진 이 순간에 집중하는 사람이 진짜 행복을 찾을 확률이 높습니다.

여행하며 우린 수많은 순간을 만납니다. 서로 싸우기도 하고, 함께 고생도 합니다. 맛있는 걸 먹으며 이야기도 나누고, 어딘가를 하염없이 걷기도 하지요. 아이와 함께 겪은 그 순간들은 결국 아이에게 사랑한다고 고백하는 시간입니다. 그 시간을 행복으로 물들여 보세요. 아이가 나비처럼 흔들리며 어딘가로 날아가더라도, 잊고 싶지 않은 그 순간만큼은 꽃으로 남아 오랜 시간 향기롭게 피어날 테니까요. 그 순간을 위해 떠나고, 함께하고, 사랑하는 건 어떨까요?

긴 글 읽어주셔서 고맙습니다. 행복하세요!

부록

가족여행 Q & A

1 저는 여행을 좋아하지만,
우리 아이들은 여행을 싫어해요, 어쩌면 좋죠?

부모님께서는 여행을 좋아하시는데, 아이들은 여행을 싫어
한다면 참 곤란한 일이죠. 여행 갈 때마다 억지로 끌고 가는 기
분이 드실 테니까요. 아이들이 왜 여행을 싫어하게 되었을까
요? 사실 아이들이 어릴 땐 특별히 나쁜 기억만 없다면 대부분
여행을 좋아합니다. 새로운 장소에서 뛰어 노는 것만으로도 기
분 좋을 때니까요. 하지만 크면서 여행을 어떤 식으로 경험하
느냐에 따라 여행에 대한 호불호가 갈리게 되는데요. 부모님
입장에선 아무 문제가 없어 보이더라도 자세히 살펴보면 분명
싫어할 만한 이유가 보이게 됩니다. 물론 이건 아이의 성향과
집안 사정에 따라 저마다 다를 수 있습니다. 하지만 아이 입장
에서 생각해보면 분명 답은 나옵니다.

아이들이 여행을 싫어하게 되는 가장 흔한 이유 중에 하나
는 선택권이 없을 때입니다. 여행은 자유로움이 핵심입니다. 하

지만 아이들은 부모님의 선택에 의존할 수밖에 없습니다. 특히 여행을 좋아하는 부모님일수록 추구하는 여행관이 뚜렷하고, 원칙을 강조하기 때문에 아이들의 선택권을 제한하는 경우가 많습니다. 그러나 아이도 여행자입니다. 무엇이든 작은 것 하나라도 선택할 수 있는 자유가 주어질 때 여행이 새롭게 보이고 의욕이 생기게 됩니다. 또 하나의 이유는 분위기입니다. 아이들은 분위기에 매우 민감한데요. 눈치가 있고, 없고를 떠나서 분위기는 아이들의 마음을 좌우하는 중요한 환경입니다. 우리 가족은 어떤 분위기로 여행을 떠나나요? 이 질문에 답하고 어떤 노력을 해야 할지 답을 찾기 시작하면 여행은 달라질 겁니다.

2 아이가 너무 어려 가까운 공원이나 동네 주변만 다니고 있어요. 이런 것도 여행이라고 이야기해주셔서 신선했는데요. 어디서부터 어디까지가 여행일까요?

사실 어디서부터 어디까지가 여행이라고 딱 잘라 말할 순 없습니다. 여행은 물리적인 주변 환경의 변화를 통해 몸과 마음의 변화를 이끌어내는 활동이기 때문입니다. '물리적인 주변 환경의 변화'라는 개념은 그것을 인식하는 사람들의 감각에 따라 천차만별일 수 있거든요. 예를 들어 시인이나 소설가처럼 감각이 예민한 사람들은 같은 장소에서도 다른 환경의 변화를 경험합니다. 반면 보통 사람의 감각은 주변 분위기가 완전히 달라져야 변화를 경험합니다. 저는 개인적으로 아이가 어린 부모님, 특히 엄마들의 경우 아주 감각이 예민한 사람이라고 생각해요. 왜냐하면 아이의 작은 행동 하나에도 민감하게 반응해야 하는 시기이기 때문이죠. 그러니 안정적인 분위기 속에서 주변 사람들의 응원과 도움을 받아 마땅한 때입니다. 이때에 가장 중요한 여행은 멀리 가는 여행이 아니라 가까운 곳에서 변화를 경험하고 내 마음을 들여다보며 천천히 회복해나가는 여행입니다. 여행은 어차피 나와의 만남입니다. 장소가 중요한 게 아닙니다. 이 평범한 사실을, 잊지 마세요.

3 저희 남편과 저는 여행 스타일이 달라서 곤란해요. 둘 다 만족하려면 어떻게 해야 할까요?

가끔 이런 질문을 받을 때마다 저는 우리의 사랑에 대해 생각하곤 합니다. 사랑이란 정말 낭만적이고 따뜻한 감정이지만, 그 사랑이 넘칠 때 우린 많은 실수를 하게 됩니다. 사랑하는 사람을 나와 동일시하게 되고, 나와 비슷하게 만들기 위해 많은 노력을 기울이게 되죠. 실수라고 해서 그게 꼭 나쁜 것만은 아닙니다. 마음속에 사랑이 많은 사람일수록 어떻게 같이 할까를 고민하니까요. 다만 조금 더 여유를 가지면 어떨까 싶어요. 그것도 사랑이니까요.

　여행 스타일이 다르다면 제일 좋은 방법은 따로 떠나는 겁니다. 네. 저도 압니다. 질문의 의도는 그게 아니라는 걸. 하지만 그럼에도 불구하고 여행의 핵심은 '자유'입니다. 자유롭지 못한 여행은 오래가지 못합니다. 가족여행이 우리에게 일처럼 다가오는 이유가 바로 여기에 있습니다. 가족은 사랑스러운 존재지만 여행의 순간에서조차 책임져야 할 대상이기도 하죠. 정말 여행다운 여행을 하고 싶다면 따로 시작해 마음껏 여행하다 다시 집으로 돌아오는 여행이 필요합니다.

　다음으로 좋은 방법은 '사전 합의'입니다. 서로 여행의 스타일이 다르다는 걸 알았다면 체크리스트를 준비해 미리 결정을 짓는 것이 중요합니다. '뭔지 모르지만 우린 스타일이 안 맞다'라고 생각하면서도 대책 없이 여행을 떠나면 당연히 갈등이 생깁니다. 안 생기는 게 이상하죠. 현장에서 합의에 이르기는 쉽지 않습니다. 이미 몸도 마음도 피곤할 테니까요. 그러니 뭐가 다른지 미리 알아보는 과정이 필요하고 다른 부분을 사전에 합의하는 게 중요합니다. 도저히 양보할 수 없는 부분이 있다면 그 부분만 따로 시간을 보내보는 것도 좋습니다. 여행은 일이 아닙니다. 같이 할 수 있는 부분은 같이하고, 따로 즐길 수 있는 부분은 나름대로 자유롭게 즐기면 더 만족스러운 여행을 다녀올 수 있을 겁니다.

4 아이가 이끄는 여행,
정말 좋은 거 같아요. 언제쯤 시작하는 게 좋을까요?

　시대가 많이 달라졌습니다. 예전에 제가 처음 이 일을 시작했을 때만 해도 아이가 여행을 이끈다는 말이 허무맹랑하게 여겨지곤 했으니까요. 하지만 이제는 아닙니다. 부모님 세대의 연령대가 달라지기도 했고, 사회적인 분위기도 아이들의 입장을 배려하기 시작했습니다. 하지만 아이가 여행을 이끈다는 게 말처럼 쉽게 되는 건 아닙니다. 아이의 성장과정에 어울리는 활동들을 통해 미리 연습하고, 장기적인 안목으로 설계된 교육방향을 따라 조금씩 나아갈 필요가 있습니다.

　단도직입적으로 말씀드릴게요. 제가 지금까지 경험한 바로는 대체로 초등학교 4학년부터 아이가 여행을 이끌 수 있다고 봅니다. 4학년이 중요한 시기라는 건 이미 많은 자녀교육서에 등장하고 있습니다. 이때가 되면 아이들은 자신의 사회적 능력을 확인받고 싶어 하고, 그 속에서 자존감을 형성합니다. 그러니 이때부터는 아이를 실질적으로 존중해줄 필요가 있습니다. 말로만 '너는 대단해', '너는 훌륭한 아이야'라며 띄워주는 게 아니라 정말 믿고 맡기는 행동이 중요합니다. 물론 4학년 때 제대로 시작하려면 그 이전에 하나씩 차근차근 연습할 수 있도록 기회를 계속 줘야겠죠? 그 기회를 통해 자신감을 쌓을 수 있도록 도와주세요. 부모님들이 여행을 이끄는 시범도 보여주시고요. 천천히 그렇게 시작하다 보면 어느새 앞장서 여행을 이끄는 우리 아이의 뒷모습을 흐뭇하게 바라보게 될 것입니다.

5 가족여행을 자주 다니는데요. 최근에 여행이 재미없고 지겨워졌어요. 어떻게 하면 활력을 불어넣을 수 있을까요?

좋은 질문이네요. 멋진 가족여행을 만들기 위해 고민하시는 것만으로도 이미 절반은 해결되었다고 생각해요. 여행이 재미없고 지겨워지는 이유는 대부분 누군가를 따라 하는 여행을 떠나기 때문입니다. 흔히 TV에 나오는 가족여행을 떠올리고 주변 사람들을 따라 하다 보면 여행이라는 게 참 별것 아니구나 싶어요. 귀찮기도 하고 피곤하기까지 하니 사서 고생한다는 생각까지 들기도 하죠. 남들 따라 하지 말고 우리만의 여행을 떠난다고 생각해보세요. 다양한 형식의 여행을 기획해보세요. 배낭여행, 자전거여행, 크루즈여행, 기차여행, 별자리여행, 물놀이여행, 스토리텔링여행, 음악여행, 미술여행, 문학여행 등등 여행의 형식은 무궁무진합니다. 가족들끼리 어떻게 그런 걸 하냐고요? 가족이니까 더 필요해요. 생판 처음 보는 사람과도 이런 여행을 함께 하는데 가족들과 못 할 이유가 있을까요? 편하게 여행하려는 생각만 버리면 됩니다.

부록 | 가족여행 Q & A

또 다른 이유는 설렘을 잃어버렸기 때문입니다. 설렘을 잃어버린 여행은 쓸쓸하기까지 합니다. 하지만 우리 인생의 모든 여행이 그랬나요? 지난 시간을 돌아보면 그 언젠가 나의 심장을 두근거리게 했던 여행이 분명 있었을 겁니다. 그 여행은 왜 그렇게 설레고 기대가 되었을까요? 무엇이 우리를 못 말릴 정도로 떠돌아다니게 했을까요? 젊어서 그랬을까요? 아닙니다. 내 마음에 자유로움이 가득했기 때문입니다. 나는 무엇이든 할 수 있는 존재이고, 세상은 어떤 일이 벌어질지 모르는 멋진 곳이라는 상상이 곧 자유입니다. 가족끼리 여의치 않다면 부모님부터 먼저 홀로 자유롭게 여행을 떠나보세요. 시간이 주어지고 내 마음속에 자유로운 공기가 가득 차게 되면 다시 설레는 여행이 시작될 것입니다. 여행은 원래 멋진 일이니까요.

6 두 아이의 엄마입니다. 첫째와 둘째가 5살 정도 차이가 나는데요. 누구에게 맞춰서 여행을 계획하는 게 좋을까요?

정답은 없습니다. 집집마다 상황이 다르니까요. 하지만 굳이 선택해야 하는 상황이라면 일반적으로 첫째 아이의 나이에 맞춰서 여행 계획을 세우시는 걸 추천해드립니다. 나이 차이가 어느 정도 난다면 아이들끼리 가르쳐주고 배울 수 있는 순환 구조를 만드는 게 중요한데요. 그러려면 모범적인 사례를 만들 필요가 있습니다. 전체적으로 첫째 아이의 나이에 맞추되 첫째 아이가 둘째 아이를 배려하고 이끌 수 있도록 도와주세요. 아이가 셋, 넷이라면 더욱더 그렇게 해야 할 겁니다. 뭐 제가 이렇게 말하지 않아도 아마 생활 속에서 다들 그렇게 하고 계시겠지만요.

7 박물관에 가면 어떻게 해야 하나요? 부모들이 같이 가도 해줄 수 있는 게 한계가 있는 것 같아서요.

아이들과 함께 갔을 때 가장 곤란한 장소 가운데 하나가 박물관이죠? 이상하게 아이들과 함께 가면 뭐라도 설명해줘야 할 것 같은 그런 곳이니까요. 게다가 아이들의 거부반응도 상당합니다. 하하. 그런데 박물관은 너무 진지하게 접근하면 오히려 멀어지게 되는 것 같아요. 특히 아이들과 함께 가면 더 그런데요. 조금 가벼운 마음으로 시작해보면 어떨까 싶습니다.

박물관에서 가장 중요한 활동 두 가지를 꼽자면 바로 '관찰'과 '질문'입니다. 아이가 어리다면 관찰만으로도 충분합니다. 전시물을 자세히 살펴보면서 아이와 함께 이런저런 상상을 나누는 것만으로도 충분히 가치 있는 시간이니까요. 그 전시물에 대한 정확한 정보보다는 관찰을 통한 상상에 무게를 두고 즐기세요. 아이가 조금 커서 관찰 후 이런저런 질문이 나온다면 그때 같이 고민을 시작해보세요. 답을 알려주는 게 아니라 '이건 왜 그럴까?', '저건 왜 저렇지?', '어쩌다 저렇게 된 걸까?' 하고 질문하며 박물관을 돌아보세요. 답을 찾는 것은 그렇게 중요한 일이 아닙니다. 요즘은 인터넷 검색만 하면 거의 모든 게 나오니까요. 아이 스스로 관찰하고, 질문하고, 그 질문에 답하도록 이끌어주는 게 핵심이라는 이야기죠.

8 아이들과 즐겁게 여행할 생각에 준비해 출발해도 막상 같이 여행하다 보면 힘들고 지칠 때가 많은데요. 혹시 이럴 때 선생님만의 노하우가 있을까요?

아이와 여행을 가면 즐겁고 신날 때도 있지만 힘들고 지칠 때도 많죠. 힘들고 지친다는 생각이 들 때가 언제냐면 아이에게 무조건 맞춰줘야 한다고 생각할 때예요. 여행이라는 게 사실 내가 원하는 대로 할 수 있는 자유가 주어져야 하는데 아이와 함께 가면 그게 힘들 때가 많죠? 이런 상황에서 즐거운 여행이 되려면 시간 관리가 중요해요. 아이와 함께 노는 시간도 중요하지만, 어른도 자기만의 시간을 가지는 게 좋아요. 전 아이들과 여행을 갈 때마다 한 가지 작은 목표를 정해요. 예를 들어 한 시간이라도 저만의 시간이 주어지면 그 시간을 만끽하려고 해요. 고작 한 시간으로 뭘 어쩌나 싶지만 오히려 짧아서 더 소중한 시간이 되더라고요. 그 시간이 기다려져요. 부모님들께서도 아이와 함께 여행을 가더라도 자기만의 즐거운 구석을 꼭 만드셨으면 좋겠어요. 아이와 함께 가지만 부모도 여행을 즐길 권리는 충분히 있거든요.

 ## 아이와 함께 가는 해외여행은 언제부터가 좋을까요?

우리와는 완전히 다른 분위기의 사회로 떠나는 건 생각보다 큰 충격을 줍니다. 그래서 저는 아이가 너무 어릴 때 해외로 가는 건 추천해드리진 않아요. 어린 아이와 해외를 누빈다는 게 낭만적으로 보일 진 몰라도 현실에서 부딪히는 문제가 만만치 않거든요. 그로 인해 고통받는(?) 가족들도 많이 봤고요. 그래서 저는 적어도 아이가 초등학교 4학년 이상일 때 해외여행을 떠나시길 추천해드리고요. 해외배낭여행 같은 경우는 중학생 때가 가장 어울린다고 생각해요. 대망의 사춘기를 겪는 아이들에게 우리와는 완전히 다른 새로운 사회를 경험하게 해주는 건 엄청난 자극이 되거든요. 게다가 배낭여행은 현지인들과 직접 부딪히며 문제를 해결해나가야 하므로 이 시기의 아이들에게 중요한 터닝 포인트가 될 수 있을 겁니다.

10 혹시 특별히 추천하시는 여행지가 있으신가요?

저는 여행지 추천은 잘 하지 않는 편입니다. 왜냐하면 다들 상황이 다르고 여행지 위주의 여행은 이제 그만할 때도 되었기 때문이죠. 하지만 그럼에도 불구하고 계속 물어보시는 분들을 위해 뻔한 대답을 좀 준비해봤습니다. 우선 제가 생각할 때 세계에서 가장 좋은 나라는 한국입니다. 다른 나라를 다니면 다닐수록 더 그런 생각이 확고해지는데요. 좋은 나라라는 게 무엇인가에 따라 달라지겠지만 저처럼 마음 편한 걸 최고로 치는 사람에겐 우리나라가 가장 마음 편한 나라였기 때문입니다. 한국 아닌 곳에서 열흘만 머물면 확실히 느껴지실 겁니다.

그리고 우리나라에서 가족여행 가기 좋은 여행지라면 '대전'과 '제주도'를 꼽는 편인데요. 두 군데 다 가는 데 걸리는 시간이 적당한 편이고, 교통도 편리하기 때문입니다. 더불어 배낭여행, 자전거여행 같은 특별한 여행을 시도하기에도 괜찮은 기반 시스템을 어느 정도 갖춘 곳이라 추천합니다. 해외는 '일본'과 '스위스' 정도를 권해드리는데요. 가족들끼리 해외여행할 때 가장 신경 쓰이는 부분 중 하나가 치안이기 때문입니다. 더불어 여행의 난이도도 쉬운 편이라 아이와 함께 가더라도 마음 편하게 다녀올 수 있을 겁니다. 물론 제가 전 세계를 다 가본 게 아니기 때문에 그냥 처음에 가족들끼리 가면 무난한 여행지 정도로 생각해주시면 좋겠습니다.

가족여행을 도와주는 유용한 양식모음

양식 1. 〈여행계획표〉 예시

　우리가 흔히 알고 있는 여행계획표는 대체로 시간과 장소에 따른 일정, 준비물 목록들을 중심으로 구성되어 있는데요. 저는 아이와 함께 하는 가족여행의 경우 이런 것들보다 좀 더 실제적인 준비 과정들이 계획표 안에 들어가야 한다고 생각합니다. 구성은 간단합니다. 순서에 따라 단계별로 생각하고, 바로 행동하면 됩니다. 그런 다음 행동의 결과를 계획표에 적는 거죠. 계획표가 계획에만 머무는 게 아니라 행동까지 책임지는 겁니다.

조금, 특별한, 가족여행 계획표			
	생각의 단계	행동의 내용	기타 메모
0	이번 여행은 왜 가는 건가요? (여행의 이유 생각)	글쎄, 이번 여행 왜 가는 건지 특별히 생각해보진 않았다. 아마 우리 가족의 행복을 위해서가 아닐까? 그러니 즐겁게 준비하고 신나게 떠날 수 있으면 좋겠다.	이유를 생각해보니 여행이 조금 특별해진 느낌?

1	어떤 아이디어들이 있을까요? (포스트잇 활용)	아이디어를 수집하기 위해 화이트보드를 이용할까 생각해봤지만 부담스러웠다. 그래서 냉장고 문에 포스트잇으로 하루에 1개씩 아이디어를 붙이기로 했는데 동민이가 너무 열심히 한다. 별난 아이디어들이 참 많다. 이거 정말, 괜찮을까?	모인 아이디어는 가족회의 때 이야기해보기로 했음
2	어디로 갈지보다 무엇을 할지부터 먼저 정해 봐요! (우리 가족 행복리스트 작성)	사실 이거 정말 막막했다. 어디로 갈지 알아야 무엇을 할지 정할 수 있는 줄 알았기 때문이다. 근데 생각해보니 그건 좀 수동적인 것 같았다. 맨날 비슷한 것만 하는 것 같기도 하고, 때로는 할 게 없기도 하고. 그래서 가족회의 때 우리 가족 행복리스트 작성하기를 해보았다. 동민이가 생각보다 하고 싶은 게 많다는 걸 느꼈다. 나도 내가 원하는 걸 적다 보니까 여행에 대한 기대감이 점점 커지는 것 같다.	행복리스트에서 실행할 우선순위를 정하는 게 힘들었지만 공평하게(?) 가위바위보로 결정했음
3	그럼 이제 어디로 어떻게 가야 할까요? (대한민국 구석구석 홈페이지, 지자체 문화관광 홈페이지, 블로그 정보 활용)	행복리스트를 작성하고 나니 장소를 선정하는 게 좀 쉬워진 것 같다. 동민이는 이번에 스키를 꼭 배우고 싶다고 했고, 나는 여유로운 캠핑을 원했다. 아내는 멋진 카페에서 시간을 보내고 싶어 했는데 이 모든 걸 고려하니 강원도 평창이 떠올랐다. 주말 껴서 대략 2박 3일 정도? 평창까지는 KTX를 이용할까 생각해봤지만 캠핑 짐이 많아서 차를 타고 가야 할 것 같다. 일정을 짜기 위해 추천받은 사이트 [대한민국 구석구석]에 들어가서 강원도 여행 코스를 검색하니 자세히도 나온다. 여기에 평창군 문화관광 홈페이지에서 수집한 코스를 더하니 30분 만에 일정이 만들어졌다. 세상 참 좋아졌다. 이걸 가족회의 때 공유하고 조금만 다듬으면 문제없을 듯하다.	[대한민국 구석구석]과 지자체 문화관광 홈페이지 정보를 뼈대로 삼고 최신 블로그 정보를 더하니 완벽에 가깝다.

4	무엇을 준비하면 될까요? (예약, 준비물 목록표 활용)	여행 준비는 마음먹기에 달린 것 같다. 욕심내자니 준비할 게 너무 많고, 대충 가려니 준비고 뭐고 그냥 가도 될 것 같다. 그래서 그냥 편하게 이것저것 떠올려 봤는데 예약(숙소, 식당, 스키장 등)하고 준비물(옷, 세면도구, 비상약, 캠핑도구, 여행경비 등) 정도 챙기면 될 것 같다. 더 많은 걸 준비할 수도 있겠지만 지금은 대충 이 정도.	여행이 다가오면 예약, 준비물 목록표를 만들어서 활용할 예정
5	누가 어떤 역할을 맡아야 할까요? (원하는 것 중심으로)	◆ **아내** / 준비물 준비 대장, 카페 관련 총책임자 ◆ **나** / 각종 예약 및 교통편 대장, 캠핑 관련 총책임자 ◆ **동민** / 예약, 준비물 목록표 확인 대장, 스키장 관련 총책임자	역할은 각자 원하는 것 중심으로 맡기로 결정했음
6	이런 미션 해보면 재밌지 않을까요? (미션의 핵심은 재미!)	**여행을 게임처럼!** ◆ 미션 1 : 짠내투어, 설계자가 되어라! ◆ 미션 2 : 캠핑장 보물찾기 미션! ◆ 미션 3 : 웃긴 여행 사진 경연대회! ◆ 미션 4: 밤하늘 별자리 찾기 미션! ◆ 미션별 점수 획득, 경험치 쌓아 레벨업!	동민이가 낸 아이디어다. 난 게임은 별로지만 아이디어는 끝내주네.
7	우리 가족에게 힘을! 동기부여 방법 연구! (여행은 기다림의 예술)	이번 여행은 좀 특별하게 떠나기로 했기에 준비 과정에 공을 많이 들였다. 유치해 보였던 가상여행도 밥 먹다 해보았는데 생각보다 웃겼다. 뭐 상상했던 대로 될지는 잘 모르겠다. 추천받은 대로 화이트보드에 D-day도 적어보았다. 나는 뭐 그저 그랬지만 아내는 동민이랑 그걸로 이야기를 많이 했다. 이번 여행은 어느 때보다 기대가 크다.	유튜브로 평창여행 영상도 봤는데 세상에 대단한 사람들 정말 많은 듯!

부록 | 가족 여행을 도와주는 유용한 양식모음

8	이런 것도 해보면 좋지 않을까요? (새로운 시도가 새로운 결과를 낳는다)	이번 여행에서 시도해볼 만한 3가지를 추천받았다. 우선 힘든상황매뉴얼을 준비해봤는데 그냥 수첩에다가 갖가지 힘든 상황들을 적고 어떻게 하면 좋을지 가족들에게 물어본 다음 만들었다. 효과가 있을지는 아직 모르겠다. 그 다음 대화 주제들을 미리 정해보았다. 동민이가 그냥 하면 재미없을 것 같다며 뽑기처럼 상자에 단어를 적은 종이들을 넣어 준비해 두었다. 뽑은 단어들을 주제로 토크하면 된다고 한다. 자기가 유재석인지 아나 보다. 마지막으로 여행일지를 쓰기로 했다. 이건 정말 꼭 해보고 싶었다. A4 용지에 여행일지 양식을 출력해 가져가 보려고 한다. 일정 마치고 저녁에 다 모여 함께 써볼 것이다.	글쓰기를 싫어하는 동민이는 여행일지에 거부반응을 보여서 동민이만 그림 그리는 걸로 대체하기로 함
9	부모 주도에서 아이 주도로! (아이에게 주는 최고의 선물)	사실 이게 가장 핵심이 아닌가 싶다. 5학년이 된 동민이가 조금씩 여행을 귀찮아하기 시작했는데 신기한 일이 벌어졌다. 그냥 장난삼아 이번 여행의 총책임자는 우리 아들이라고 치켜세워 줬더니 아주 적극적이다. 나한테도 폭풍 같은 잔소리를 해대서 문제이긴 하지만 마지못해 따라나서는 것보다는 훨씬 보기 좋다. 강의에서 추천받은 대로 동민이가 여행을 이끌 수 있도록 마음의 준비를 하는 중이다.	너무 적극적이라 가끔 엉뚱한 방향으로 가는 녀석을 어떻게 도와줄지 고민 중.

양식 2. 〈마인드맵〉 예시

가족여행에서 하고 싶은 일들과 각자의 아이디어들을 자유롭게 써본다.

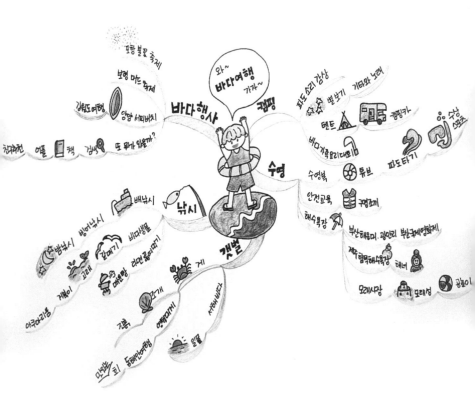

부록 | 가족 여행을 도와주는 유용한 양식모음

양식 3. 〈여행일정표〉 예시

	1일차 상세 일정	예상 경비	오늘 여행의 주제는?		
A M	6시 기상 및 샤워	–	반짝반짝 빛나는 것을 찾아서		
	7시 아침 식사	–	**오늘 여행의 미션은?**		
	8시 여행 짐 챙겨 평창으로 출발!	–	웃긴 여행사진 경연대회 미션! (평창 의야지 바람마을에서) ⋯⋯⋯⋯⋯ 밤하늘 별자리 찾기 미션! (보물섬 캠핑장에서)		
	9시 평창으로 가는 중	–			
	10시 휴게소에서 주유하기	ex) ₩60,000			
	11시 평창 의야지 바람마을 도착 (미션)	–			
	12시 납작식당 노작, 섬심 식사	–			
P M	1시 휘닉스평창 스키월드로 출발	–	**오늘은 어떻게 이동해?**		
	2시 휘닉스평창 도착, 스키 대여	–	우리집 붕붕이 타고		집 -> 평창
	3시 본격 스키 타기	–	–		–
	4시 스키 계속 타기	–	–		–
	5시 동민이 지겨울 때까지 스키 타기	–	**밥은 어디서, 뭘 먹을까?**		
	6시 정리 후 저녁 먹으러 출발	–	아침	집에서	미역국
	7시 평창한우마을(면온점) 도착, 저녁 식사	–	점심	납작식당	횡계오삼불고기
	8시 대화면 하나로마트에서 장보기	–	저녁	평창한우마을	한우모듬구이
	9시 보물섬 캠핑장 도착, 텐트 설치	–	**기억해야 할 것들**		
	10시 야식 먹고 야간 산책, 별 보기 (미션)	–	☐ 캠핑장 예약 확인 ☐ 장갑 챙기기 ☐ 별자리 앱 설치 ☐ 셀카봉 준비		☐ 동민 안전교육 ☐ 장보기 리스트 ☐ 여행일지 꼭 쓰기 ☐ 방한용품 구입
	11시 여행 일지 쓰고 취침	–			
	12시 꿈나라	–			

양식 4. 〈준비물 목록표〉 예시

카테고리	준비물 이름	챙기는 사람	체크
옷	패딩/바람막이	아빠	☐ 준비중 ☐ 완료
	청바지/기모바지	아빠	☐ 준비중 ☐ 완료
	셔츠/맨투맨/폴라티	아빠	☐ 준비중 ☐ 완료
	양말/속옷/내복	엄마, 동민	☐ 준비중 ☐ 완료

카테고리	준비물 이름	챙기는 사람	체크
세면 — 화장품	스킨/로션/선크림	엄마	☐ 준비중 ☐ 완료
	치약/칫솔	엄마, 동민	☐ 준비중 ☐ 완료
	폼클렌징/샴푸/린스/바디워시	엄마, 동민	☐ 준비중 ☐ 완료
	수건/샤워타올	엄마	☐ 준비중 ☐ 완료

카테고리	준비물 이름	챙기는 사람	체크
신발 — 기타	운동화/슬리퍼	동민	☐ 준비중 ☐ 완료
	여행가방/크로스백	아빠	☐ 준비중 ☐ 완료
	캠핑용품	아빠	☐ 준비중 ☐ 완료
	장갑/목도리	아빠, 동민	☐ 준비중 ☐ 완료

카테고리	준비물 이름	챙기는 사람	체크
전자 제품	휴대폰 충전기/보조 배터리	동민	☐ 준비중 ☐ 완료
	멀티탭	아빠	☐ 준비중 ☐ 완료
	노트북/패드	아빠	☐ 준비중 ☐ 완료
	셀카봉	동민	☐ 준비중 ☐ 완료

카테고리	준비물 이름	챙기는 사람	체크
비상약	종합감기약	아빠	☐ 준비중 ☐ 완료
	소화제/지사제/진통제	아빠	☐ 준비중 ☐ 완료
	물파스/연고/밴드	아빠	☐ 준비중 ☐ 완료
	알러지약/안약	아빠	☐ 준비중 ☐ 완료

양식 5. 〈여행일지1〉 여행기록표 형식

여행일지의 양식은 간단합니다. 복잡하면 오히려 쓰기 싫거든요. 대신 솔직하고 자세히 써야 한다는 건 잊으면 안 됩니다. 하루를 정리하는 여행일지 쓰기는 또 하나의 여행입니다.

날짜 :	년 월 일	날씨 :

일정 : ※ 아침부터 저녁까지 오늘 여행의 일정을 최대한 자세히 적어보세요.

※ 여행일지 쓰기 Tip

1. 가족이 다 함께 여행일지를 쓴다는 분위기를 만들면 시작이 쉽습니다.

2. 하루를 자세히 기록하거나, 인상 깊은 사건 하나만 잡아 자세히 써도 됩니다.
중요한 건 최대한 생생하고 자세히 쓰는 겁니다.

3. 기억이 잘 나지 않으면 여행 중 남긴 메모나 사진을 살펴보고 시작해보세요.

4. 아무리 사소한 일이라도 어떤 느낌이 느껴진 일이라면 그 느낌을 함께 써보세요.

5. 여행일지는 매일 그리고 일정을 끝내고 돌아온 집이나 숙소에서 쓰는 게 좋습니다.

6. 아이가 쓴 여행일지는 일단 쓴 것 자체에 큰 의미를 두고 칭찬해주며,
   쓰는 것에 천천히 재미를 붙일 수 있게 도와주는 게 중요합니다.

감사 일기 :

※ 감사는 이 시간이 얼마나 행복하고 소중한 시간이었는지 되새기는 일입니다.

양식 6. 〈여행일지2〉 그림일기 형식

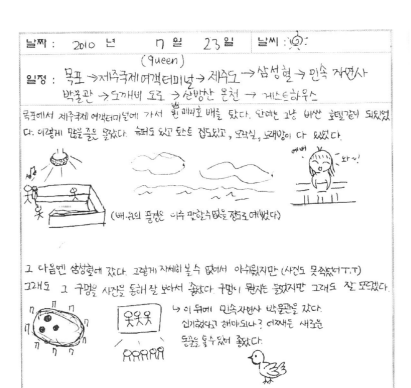

날짜 : 2010 년 7 월 23 일   날씨 : ☀

(queen)

일정 : 목포 → 제주국제여객터미널 → 제주도 → 삼성혈 → 민속 자연사
박물관 → 도깨비 도로 → 산방산 온천 → 게스트하우스

목포에서 제주국제 여객터미널에 가서 퀸 메리호 배를 탔다. 안에는 그냥 비싼 호텔같이 되있었
다. 이렇게 많을줄은 몰랐다. 슈퍼도 있고 토스트 접도있고, 오락실, 노래방이 다 있었다.

(배-위의 풍경은 이수 말할수 없을 정도로 예뻤다)

그 다음엔 삼성혈에 갔다. 그렇게 자세히 볼 수 없어서 아쉬웠지만 (사진도 못찍었어 ㅜ.ㅜ)
그래도 그 구멍을 사진을 통해 잘 봐서 좋았다. 구멍이 뭔지는 들었지만 그래도 잘 모르겠다.

└ 이 뒤에 민속자연사 박물관을 갔다.
신기하다고 해야되나? 어째든 새로운
동물을 볼수 있어 좋았다.

차 타고 도깨비 도로로 갔다. 예전에도 가봤지만 너무 신기하다. 어떻게 오르막길을 올라가고
내리막길은 다시 거꾸 올라간다. 차를 시동을 꺼도 쓰르간다 너무 신기해요.

~혀!!

양식 7. 〈미션보드〉 예시

1 우리 가족 얼굴 그리기 미션! 1등 : 경험치(Exp) 300p 2등 : 경험치(Exp) 200p 3,4등 : 경험치(Exp) 100p 기타 : 경험치(Exp) 50p	**2** 캠핑장 보물찾기 미션! 1등 : 경험치(Exp) 200p 2등 : 경험치(Exp) 100p 3,4등 : 경험치(Exp) 50p 기타 : 경험치(Exp) 20p	**3** 웃긴 여행 사진 경연대회! 1등 : 경험치(Exp) 100p 2등 : 경험치(Exp) 80p 3,4등 : 경험치(Exp) 40p 기타 : 경험치(Exp) 20p
4 우리 가족 얼굴 그리기 미션! 1등 : 경험치(Exp) 300p 2등 : 경험치(Exp) 200p 3,4등 : 경험치(Exp) 100p 기타 : 경험치(Exp) 50p	**레벨 1 우승 상품** **?** ※ 심사는 가족들이 서로에게 점수를 주어 결정합니다.	**5** 우리 가족 얼굴 그리기 미션! 1등 : 경험치(Exp) 300p 2등 : 경험치(Exp) 200p 3,4등 : 경험치(Exp) 100p 기타 : 경험치(Exp) 50p
6 보드게임 챔피언 선발대회! 1등 : 경험치(Exp) 300p 2등 : 경험치(Exp) 200p 3,4등 : 경험치(Exp) 100p 기타 : 경험치(Exp) 50p	**7** 최고의 이야기꾼은 누구?! 1등 : 경험치(Exp) 400p 2등 : 경험치(Exp) 300p 3,4등 : 경험치(Exp) 200p 기타 : 경험치(Exp) 100p	**8** 가족 역할 바꾸기 미션! 1등 : 경험치(Exp) 200p 2등 : 경험치(Exp) 100p 3,4등 : 경험치(Exp) 50p 기타 : 경험치(Exp) 20p

	1	2	3	4	5	6	7	8	합계
엄마									
아빠									
아이1									
아이2									

가족여행 이야기가 담긴 추천도서

여행 이야기를 담은 책은 정말 많습니다. 서점에 가보면 한 코너를 가득 차지하고 있을 정도죠. 이 많은 책 가운데 아이와 여행하려는 부모님들께 도움이 될 만한 책을 몇 권 추천해봅니다. 각양각색의 여행 이야기들이 모두 저마다의 매력을 갖고 있으니, 자기 취향에 맞는 책을 먼저 읽어보시면 좋겠습니다.

《세상이 학교다, 여행이 공부다》. 북노마드. 박임순 지음

나온 지 10년쯤 된 책이지만 자녀교육을 위해 여행을 떠나신다면 추천하는 책입니다. 교사라는 안정적인 직업을 버리고, 부부가 세 아이와 함께 1년 6개월 동안 33개국을 누빈 이야기가 담겨 있는데요. 무너진 가족 관계를 여행으로 회복하면서, 진짜 행복을 찾아가는 과정이 흥미롭게 그려져 있습니다.

《아빠, 이런 여행 어때?》. 싱크스마트, 김동옥 지음

아이와 함께 여행하고 싶긴 한데 '뭔가 색다른 여행법 없을까?' 하고 고민 중이시면 이 책을 한번 읽어보실 것을 추천합니다. 오로지 아이만을 위한 여행을 시작한 아빠의 22가지 특별한 여행법이 담겨 있어 많은 영감을 얻을 수 있습니다. 특히 아이의 감각을 자극하는 새로운 시도가 멋진 사진들과 함께 어우러져 있어 읽다 보면 '예쁜 책이다'라는 생각이 절로 듭니다.

《엄마랑 아이랑 퐁당퐁당 여행육아》, 서사원. 신경원 지음

이번엔 엄마 차례입니다. 비교적 최근에 나온 책인데요. 힘든 육아 속에서 탈출구가 필요했던 저자는 용감하게 아이들과 여행하기 시작합니다. 아이가 있어 어디 못 간다며 답답해하는 엄마들이라면 이 책의 이야기가 정말 궁금할 겁니다. 무엇보다 '엄마가 행복해야 아이도 행복하다'는 멋진 생각이 이 책의 진정한 매력일 겁니다.

《최효찬의 아들을 위한 성장여행》, 글담출판사. 최효찬 지음

아이와 함께 걷기 여행을 계획 중이라면 이 책을 추천합니다. 아들과 함께 5년간 10번의 걷기 여행을 다닌 저자가 자신의 경험을 유럽 명문가의 사례와 접목해 소개하는데요. 아빠가 해줄 수 있는 교육이란 어떤 것인지를 배울 수 있습니다. 특히 걷기 여행을 함께 한 아들이 직접 쓴 솔직한 여행기를 담고 있어 읽어볼 만한 책이라고 생각합니다.

유용한 사이트와 블로그, 필수 앱

대한민국 구석구석 https://korean.visitkorea.or.kr

세상에는 참 많은 여행정보가 있습니다. 수많은 사람들이 여행을 떠나고 그들이 얻은 여행정보를 SNS와 블로그에 남깁니다. 그 때문인지 요즘은 오히려 정보가 너무 많아 문제입니다. 온갖 여행정보들이 넘쳐납니다. 그럼에도 불구하고 마땅한 여행정보가 없다며 힘들어하는 사람들도 자주 보입니다. 왜 그런 걸까요? 정보가 많긴 한데 체계적으로 잘 정리된 여행정보가 드물기 때문입니다. 한국관광공사에서 만든 [대한민국 구석구석]에 접속해보세요. 전국 여행정보를 지역별로 자세히 소개하고 있고 추천 코스, 축제, 이벤트, 지역별 여행 가이드북까지 얻을 수 있는 그야말로 종합여행정보 플랫폼이라고 할 수 있습니다. 가끔 오래된 여행정보가 눈에 들어오긴 하지만 국내여행의 뼈대를 세우는 데는 이만한 사이트가 없는 것 같습니다. 최신 정보는 블로그 검색으로 보완하면 될 거고요.

네이버 여행 플러스 https://blog.naver.com/the_trip

우리나라에서 가장 많은 검색이 이루어지는 플랫폼

이라면 단연 네이버입니다. 요즘은 특히 모바일로 검색을 하다보니 모바일 화면에 최적화된 여행정보를 선호하는 편이지요. 더불어 대부분의 사람들이 최신 정보를 얻고 싶어 합니다. 이 세 가지 조건을 모두 갖춘 블로그가 바로 네이버 여행 플러스 블로그입니다. 긴 설명은 필요 없을 것 같고요. 한 번 들러서 여행정보들을 살펴보시면 왜 추천하는지 아실 수 있을 겁니다.

트립어드바이저 http://www.tripadvisor.co.kr

해외여행의 경우 우리나라 플랫폼에서 얻을 수 없는 여행정보들도 더러 있습니다. 트립어드바이저는 세계의 다양한 여행자들이 남긴 리뷰를 확인할 수 있는 유용한 사이트인데요. 사용 인구가 많아 지속적으로 리뷰가 갱신되는 점이 장점입니다. 오래된 리뷰를 보고 갔다가 낭패를 당하는 경우도 많거든요. 해외로 떠나신다면 한번 활용해보세요.

여행정보센터 http://www.tourinfo.or.kr

여행정보센터는 (사)한국여행업협회에서 운영하는 사이트입니다. 여행사를 통한 패키지여행을 계획하셨다면 여행사 인허가 정보, 보험가입 유무 등을 검색해 신뢰할 만한 곳인지 알아볼 수 있고요. 계약불이행 등 문제가 생겼을 때 중재를 요청할 수도 있습니다. 또한 여행 준비와 관련된 다양한 정보를 얻을 수 있는데 특히 국가별안전가이드북을 다운받을 수 있어 꽤 유용합니다.

외교부 해외안전여행 http://www.0404.go.kr

만약 해외로 여행을 가신다면 여행 전에 꼭 한번 들러 볼 만한 사이트입니다. 우리 가족이 여행할 여행지에 어떤 위험요소가 있는지 미리 확인할 수 있고요. 현지에서 뜻밖의 어려움을 겪었을 때 어떻게 공식적으로 도움을 요청할 수 있는지 자세히 소개하고 있습니다. 의사소통이 어려울 경우 통역서비스, 분실이나 도난을 겪었을 때 비상금을 지원하기도 하니 미리 알아보고 떠나면 마음이 든든해집니다.

여행정보 관련 카페

여행을 준비하다 보면 항상 궁금한 게 생기기 마련입니다. 그게 일반적인 내용이라면 블로그 정보들을 검색하면 쉽습니다. 하지만 꽤 특수한 부분이 궁금할 땐 그걸 찾아내려고 인터넷 세계를 여기저기 돌아다니는 것도 큰 스트레스죠. 사실 이런 구체적인 정보들은 카페 같은 커뮤니티에서 얻을 수 있는데요. 네이버에 들어가서 주제별로 카페들을 분류해놓은 곳에 가면 여행 관련 카페들이 랭킹 순으로 표시됩니다. 이 카페들에 온갖 정보들이 모여 있습니다. '아니 이런 것도 있어?'라며 놀랄 정도로 구체적인 정보들이 많습니다. 다만 대체로 이런 커뮤니티는 가입을 하고 어느 정도 활동을 해야 고급정보에 접근할 수 있으니 사전에 미리 가입해두면 필요할 때 유용할 겁니다. 대표적인 네이버 카페 몇 군데를 소개해봅니다.

유랑 (유럽여행정보) https://cafe.naver.com/firenze

네일동 (일본여행정보) https://cafe.naver.com/jpnstory

미여디 (미국여행정보) https://cafe.naver.com/nyctourdesign

느영나영 (제주여행정보) https://cafe.naver.com/jejutip

달구지 캠핑 (RV캠핑여행정보) https://cafe.naver.com/joycamping

아이와 함께 여행을 (가족여행정보) https://cafe.naver.com/travelwithkids

차이의 놀이 https://www.chaisplay.com/plays

아이가 어릴 때 가장 필요한 교육은 무엇일까요? 그건 바로 놀이입니다. 태어나 학교 가기 전까지 대부분의 아이들은 놀이를 통해 배우고 성장합니다. 아이가 어릴수록 어떤 놀이를 함께 해야 좋은지에 대한 고민이 큰데요. 차이의 놀이라는 사이트에 가면 꽤 괜찮은 팁들을 체계적으로 얻을 수 있습니다. 아이와 함께 놀아보세요.

네이버 오디오 클립 '육아' 카테고리

https://audioclip.naver.com/categories/6/channels?sortKey=subscribedCount

자녀교육과 관련된 정보는 찾아보면 정말 많습니다. 당장 서점에 가서 베스트셀러 자녀교육서 5권만 사서 읽으면 자녀교육에 통달한 것 같은 느낌이 드실 겁니다. 하지만 문제는 그렇게 하지 않는다는 데 있습니다. 아마 그럴만한 여유가 없다는 게 가장 큰 이유겠지요. 일상의 빈틈을 잘 활용해보세요. 네이버 오디오 클립에 연재되고 있는 오디오 콘텐츠들은 출/퇴근 시간이나 집안일 하는 시간을 활용할 수 있어 유용합니다. 자녀교육과 관련된 '육아' 카테고리에서 구독자 순으로 정렬해 마음에 드는 오디오 클립을 들어보세요.

그 외 참고할 만한 사이트

맘스쿨 (자녀교육 커뮤니티) http://www.momschool.co.kr

애플도도 (체험학습, 가족나들이 정보) http://www.appledodo.co.kr

에듀넷 (학교교육 관련 정보) www.edunet.net

여행으로 크는 아이들, 굴렁쇠 (어린이, 청소년 여행) http://www.hikid.net

여행 준비를 도와주는 사이트와 앱

여행을 준비할 때 꽤 많은 시간과 노력을 들이는 일이 바로 일정을 짜고, 경비 사용 계획을 세우는 것입니다. 하지만 저는 이 두 가지 일에 너무 많은 시간을 쏟지 않으셨으면 해요. 계획은 어디까지나 계획일 뿐이고, 너무 치밀한 계획은 오히려 여행을 망치기 때문입니다. 그러니 여행 일정과 비용산출은 부담스럽지 않게 최대한 편한 방법으로 시도하시는 게 좋습니다. 요즘은 이 두 가지 일을 도와주는 사이트와 앱들이 있어 잘 활용하면 편하게 해결할 수 있을 겁니다. 다만 사이트마다 인터페이스가 달라서 처음엔 적응이 어려울 수도 있는데요. '이걸로 모든 걸 한 번에 끝내야지'라는 생각보다는 좋은 도구들의 장점만 잘 활용하면 좋겠습니다. 이런 사이트들은 대부분 앱도 만들어두어 필요에 따라 선택하면 되는데요. 팁을 하나 드리자면 여행 전 일정을 짜거나 비용을 산출할 땐 PC 버전의 사이트를 이용하는 게 좋고요, 여행 중 일정을 기록하거나 비용을 입력할 땐 모바일 앱을 활용하면 편리합니다.

위시빈 (여행일정플래너) https://www.wishbeen.co.kr

어스토리 (여행일정플래너) https://www.earthtory.com

스투비플래너 (유럽여행플래너) http://www.stubbyplanner.com

인터파크투어 (항공/호텔/렌터카 예약) http://tour.interpark.com

마이리얼트립 (현지가이드 예약) https://www.myrealtrip.com

트리플 (해외여행플래너 앱) 해외여행일정 짜기, 체크리스트 제공, 여행가계부 작성

클룩 / 와그 (여행액티비티예약 앱) 여행지체험예약, 공연/식당/현지투어 예약

오디 (무료오디오가이드 앱) 한국관광공사 제작, 대표 관광지의 역사와 문화 이야기 체험

트라비포켓 (여행가계부 앱) 여행경비관리, 환율자동적용

※ 소개한 사이트와 앱들은 2020년 4월을 기준으로 작성되었습니다.